캐논코리아의
혁명은
포장마차에서
시작되었다

캐논코리아의 혁명은

NEW WAYS OF WORKING

포장마차에서 시작되었다

류랑도 지음

랜덤하우스

★이 책의 최종적인 내용과 사진 설명에 대해서는
캐논코리아 안산공장의 검증과 감수를 거쳤음을 밝힙니다.

Contents

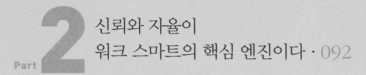

우리 공장에 견학을 온 타 기업의 임원 한 분이 묻더군요.
"도대체 이 모든 일을 가능하게 만든 비결이 무엇입니까?"
그래서 이렇게 대답했습니다.
"다른 비결은 없습니다. 구성원들을 사랑한 것뿐입니다."
내 대답이 성에 차지 않았던지 그 임원께선 자꾸만 '진짜'를 가르쳐달라고
하더군요.
하지만 정말 내가 해줄 말은 그것밖에 없었습니다.

_캐논코리아 안산공장 생산본부장 김영순 전무와의 인터뷰 중에서

창립 25주년 기념행사에서 전 사원이 인간 띠를 만든 모습

진정한 '인간'을 '생산'하는
세계 최고의
워크 스마트 공장

포장마차는 주인이 경영과 관리, 생산과 마케팅을
종합적으로 수행하는 1인 기업이다.
포장마차 주인의 자율성과 주인의식이야말로
현대의 직장인에게 가장 필요한 덕목이다.

캐논코리아비즈니스솔루션(주)(이 책에서는 '캐논코리아'라고 줄여서 부른다)의 복합기, 복사기, 프린터 등 사무기기를 생산하는 안산공장의 생산본부장인 김영순 전무는 최근 고민에 빠졌다. 현재 5,000평 부지의 공장에서는 더 이상 감당할 수 없을 만큼 주문 물량이 늘어나면서 다른 곳으로 공장을 이전해야 하는 문제에 당면했기 때문이다. 회사가 발전하고 주문 물량이 늘어서 이전을 하는 것이라면 당연히 기쁘게 받아들이고 반가워해야 할 일이다. 하지만 김영순 전무는 마냥 기뻐할 수만은 없다.

김영순 전무와 캐논코리아 구성원들은 이곳 안산공장에서 함께 피땀을 흘리며 엄청난 성과를 이룩했다. 지난날의 기억이 고스란히 배어 있는 땅을 떠나야 한다는 사실이 못내 아쉽지만 추억이라는 것은 또다시 새롭게 만들면 된다. 김 전무의 진짜 고민은 공장을 이전하면서 출퇴근 문제로 인해 회사를 떠나는 사람이 생길지도 모른다는 것이다. 김 전무는 1,000여 명의 직원들 중 단 한 명이라도 이탈해서는 안 되며, 단 한 사람이라도 빠진다면 캐논코리아 안산공장은 성립할 수 없다고 생각하고 있다.

모두 함께 가야 한다. 단 한 사람도 놓치고 싶지 않다. 만약 다른 곳으로 이전하면서 공장을 그만두는 사람이 생긴다면, 차라리 그대로 남는 것이 낫다. 오늘날 우리 공장이 이뤄낸 변화와 혁신은 모두 우리 식구들이 이뤄낸 것이다. 지금까지 이룩한 성과 역시 지금의 구성원들이 만들어낸 것이다. 우리 공장은 저 사람들이 없으면 절대 안 된다. 저들이 함께하지 못한다면 더 큰 일터로 옮긴다는 것은 아무런 의미가 없다.

결원이 생기면 그만큼 새로이 채용을 하면 된다. 하지만 캐논코리아 안산공장은 절대로 그렇게 생각하지 않는다. 지금껏 함께 일해온 사람들을 종업원從業員이라고 생각해본 적이 없다. 그들은 캐논코리아 안산공장이라는 신체의 일부를 이루고 있는 팔다리와 같은 존재들이다. 그래서 그들은 종업원이 아니라 '구성원構成員'인 것이다. 그들만큼 진정으로 캐논코리아 안산공장을 아끼고 위하는 사람들은 없다. 그들과 함께할 수만 있다면 파도만 한 고난이 수십 번 닥친다고 해도 이겨낼 자신이 있었다.

약 3년 전인 2008년 7월, 공장의 2층에 화재가 발생했다. 다행히 인명 피해는 없었지만, 2층의 생산라인과 기계가 전소하면서 캐논 코리아 안산공장은 세 기종의 제품 생산을 멈추어야 하는 위기에 직면했다. 화마가 휩쓸고 간 자리는 폐허로 변해버렸다. 검게 그을린 제품들과 까맣게 타버려 형체를 알아볼 수 없을 정도로 녹아내린 부품들과 치공구 장비들을 바라보는 구성원들의 마음은 처참하기만 했다.

라인을 복구하려면 최소한 3개월에서 6개월 이상이 소요될 것이라는 진단이 나왔다. 실적이 상승곡선을 그리면서 구성원들 모두가 한마음으로 한번 해보자는 의욕에 불타던 때였다. 그런 시점에 불의의 사고로 모든 것이 수포로 돌아갈 위기에 처하고 만 것이었다.

사고가 있었던 다음 날, 화마가 휩쓸고 간 현장을 붉어진 눈시울로 지켜보던 구성원들 가운데 한 사람이 검게 타버린 곳을 향해 걸음을 옮겼다. 그러자 누가 먼저랄 것도 없이 아직 열기와 유독가스가 남아 있는 화재현장의 어둠 속으로 들어갔다. 누가 시킨 것도 아닌데 구성원들은 공구 하나라도, 부품 한 점이라도 건지기 위해 잿더미 속을 헤치기 시작했다.

당시 그 자리에 있었던 생산기술팀의 권태욱 대리도 같은 마음이었다. 징계를 받는 것은 나중의 일이었다. 우선은 공장을 빨리 복구해야 한다는 일념으로 아무런 망설임 없이 화재현장으로 뛰어들었다.

3년이 지난 지금까지도 정확한 화재 원인은 밝혀지지 않았다. 하지만 당시 캐논코리아 안산공장의 구성원들은 스스로의 실수를 인정할 수밖에 없었다. 회사에서 중징계를 내리면 고스란히 받아들여야 할 입장이었고, 공장을 떠나는 사람들이 생길지도 모르는 상황이었다. 그러나 캐논코리아 안산공장 구성원들의 기우와는 달리, 회사에서는 어떤 징계도 내리지 않았다. 화재가 발생한 라인의 책임자와 담당자들은 옷 벗을 각오를 했지만 회사에서는 오히려 구성원들을 위로했다. 안산공장의 최고 책임자인 생산본부장 김영순 전무를 비롯한 공장의 간부들과 본사의 임원들은 속이 새까맣게 타들어갔을 테지만, 오히려 그들은 뜻하지 않은 사고로 동요할 구성원들의 마음을 다잡기 위해 최선을 다했다.

그 뒤의 결과는 참으로 멋졌다.

팩스복합기 라인은 10일 만에 재가동되었고, 화재 발생 한 달 만에 나머지 두 기종의 라인까지 재가동되면서 공장 생산라인 전체가 완전히 복구된 것이다. 연초에 세웠던 연간 목표를 달성했을 뿐만 아니라, 2008년은 캐논코리아 안산공장 역사상 가장 실적이 좋았던 해로 기록되었다.

하지만 2008년 캐논코리아 안산공장이 얻은 가장 큰 소득은 위기 상황에서도 실적을 초과해서 달성했다는 것이 아니라, 위기가 닥쳤을 때 공장 구성원들이 똘똘 뭉쳐 자신들의 저력을 입증했다는 사실 그 자체였다.

캐논코리아 안산공장 사람들에게는 이보다 더 놀랄 만한 이야기들이 많다.

캐논코리아 안산공장은 1990년대 말에 그 당시까지 10년 이상 써오던 컨베이어벨트를 해체하고 국내에서는 거의 최초로 대부분의 생산현장에는 낯선 셀Cell 생산방식과 기종장제도(CCO, Cell Company Organization)를 생산라인에 적용했다. 그로부터 약 10년이 흐른 지금, 생산량은 10년 전보다 19배 늘었고 회사의 수출액은 무려 12배나 커졌다. 뿐만 아니라 일본을 제외한 전 세계 캐논 거점 중에서는 유일하게 캐논코리아만이 연구개발 권한을 확보함으로써 판매, 생산, 개발까지의 전 기능을 보유하게 되었다.

국내 대다수의 기업들이 인건비를 절감하여 생산단가를 낮추기 위해 생산기지를 중국 등의 해외에 두고 있지만 캐논코리아 안산공장은 한국에서 직접 생산을 하면서도 중국에 있는 다른 캐논 관련 공장들보다 비용(total cost)이 적게 든다. 그리고 5,000평 정도밖에 안 되는 공간에서 지금까지 총 400만 대라는 엄청난 양의 기기를 생산하고 있다.

캐논코리아 안산공장은 이제 생산혁신 분야의 대표적인 벤치마킹 모델로 알려져, 국내 굴지 기업의 오너와 최고경영진들이 줄을 지어 견학을 올 정도가 되었다. 캐논코리아 안산공장을 다녀간 타 기업의 경영진들은 "비싼 돈 들여 일본에 연수를 보낼 필요가 없다.", "한국에서 생산시스템이 개척된 것이 자랑스럽다.", "제조업의 희망을 발견했다."며 박수갈채를 보냈다. 심지어 〈하버드 비즈니스 리뷰〉에 실렸으면 좋겠다."는 어느 교수의 평이 화제에 오르면서 국내뿐 아니라 해외의 비중 있는 기업의 최고경영자들이 다녀갈 만큼 인정을 받았다.

캐논코리아 안산공장이 이렇게 유명세를 타면서 일본 재계의 상위 그룹 직원들이 단체로 견학을 오기도 하고, 중국 캐논에서는 매년 정기적으로 10여 명의 직원을 파견하고 있다. 캐논의 전 세계 주요 생산거점을 관장하는 책임자가 "세계에 자랑할 만한 공장이다."라고 추켜세우면서 캐논 내부에서도 벤치마킹 모델로 손꼽히게 되었다(캐논코리아는 일본에 본사를 두고 있는, 한국의 롯데 그룹과 일본의 캐논 그룹이 공동으로 출자해서 설립한 합작회사다).

캐논코리아 안산공장이 국내에서는 유례를 찾기 힘들 만큼 탁월한 성과를 내고 타 기업의 모범이 될 만큼 알찬 경영을 할 수 있었던 원동력이 무엇일까?

필자는 이를 밝히기 전에 캐논코리아 안산공장이 세간에 알려진 것처럼 그렇게 '아름다운 조직'인지, '소문난 잔치에 먹을 것 없다'는 속담처럼 언론이 만들어낸 허상은 아닌지 알고 싶었다. 그래서 캐논코리아 안산공장에 직접 찾아가 임원진과 현장 구성원들을 대

현재 5천 평 부지의 캐논코리아 안산공장은 2만 7천 평 규모의 부지로 이전할 계획이다.

상으로 돌발적인 인터뷰까지 감행했다. 그렇게 적지 않은 시간 동안 현장을 돌아보며 조사한 결과, 필자는 결국 타오르는 열정과 사명감을 갖고 이 책을 쓰기로 마음먹었다.

캐논코리아 안산공장을 '자율책임경영을 통한 탁월한 성과기업'의 모델로 정하고 그들의 숨겨진 이야기를 전파하기로 결심한 이유는 '구성원들이 진심으로 각자가 오너라는 자긍심을 가지고 혼신을 다하면서 몰입하고 탁월한 성과를 이루어내는 이유가 무엇일까?' 라는 물음에 대한 해답을 찾기 위해서다.

자율에는 반드시 책임이 따른다. 스스로 결정하고 판단을 내리기 위해서는 일을 올바르게 계획하고 실행할 수 있는 역량이 절대적으로 필요하다. 캐논코리아 안산공장은 구성원들 모두가 자신에게 주어진 일을 처음부터 끝까지 완결할 수 있는 인재가 되기를 원한다. 그런데 재미있는 사실은, 김영순 전무가 현대 직장인이 갖추어야 할 자기완결형 인력의 모델로 삼는 사람이 다름 아닌 '포장마차 아주머니' 라는 것이다.

포장마차는 주인이 경영과 관리, 생산과 마케팅을 종합적으로 수행하는 1인 기업이다. 포장마차 주인은 어떤 제품(안주)을 얼마만큼 만들지, 가격을 어떻게 매길지, 손님을 어떻게 끌어들일지(마케팅), 어떻게 고객만족(서빙과 음식의 맛)을 실현할지 총체적으로 고민한다. 그리고 결과에 대한 책임도 스스로 진다. 일이 잘되든 잘못되든 남 탓으로 돌릴 수가 없다.

월급쟁이 마인드로는 조직이나 개인 스스로에게 기여할 수가 없습니다. 저뿐만 아니라, 구성원들 모두가 마치 포장마차 아주머니처럼 자기 사업을 한다는 CEO 마인드로 일에 접근해야 합니다.

직장인들도 CEO 마인드를 갖고 내 회사를 운영한다는 생각으로 일을 대하면 결코 핑계가 있을 수 없다. 포장마차 주인의 자율성과 주인의식이야말로 현대의 직장인에게 가장 필요한 덕목인 것이다. 그리고 포장마차는 가장 서민적이면서도 한국적인 정서가 묻어 있는 공간이다. 해외의 기술을 비싼 돈을 주고 들여온 것이 아니라, 독자적으로 기종장제도라는 한국형 제조 시스템을 개발했다는 점에서 생각할 때, '포장마차'는 한국 사람들만의 열정적인 삶의 방식이 고스란히 담겨 있다는 상징성도 지닌다. 그리하여 고심 끝에 '캐논코리아의 혁명은 포장마차에서 시작되었다'라는 제목으로 이야기를 시작했다.

캐논코리아 안산공장의 성공 비결은 이 책 〈프롤로그〉의 두 가지 에피소드에 이미 숨겨져 있다. 그 비결이란, 모든 공을 구성원들에게 돌리고 그들 중 단 한 사람이라도 놓치고 싶지 않아 하는 경영진과, 위기에 처한 회사를 되살리기 위해 스스로 일어섰던 구성원들의 궁합이다. 이제 문제는 그러한 '궁합'을 어떻게 만들어내는가 하는 것으로 이어진다. 필자가 이 책을 통해 독자 여러분에게 전해드리고자 하는 것 역시 바로 그것이다. 캐논코리아 안산공장이 성공할 수밖에 없었던 메커니즘을 풀어서 우리 대한민국의 단 한 개의 기업이라도 더 구성원이 자발적으로 일하고 탁월한 성과를 내도록 만드는 것이 나의 역할이라고 생각한다.

자본주의적 '이익'만을 추구하는 세태에서 진정한 인간애를 실천하는 현장, 캐논코리아 안산공장은 우리에게 많은 가르침을 준다. 그들은 제품을 생산하는 것만이 아니다. 캐논코리아 안산공장에서는 구성원들을 소중한 인격으로 존중한다. 그렇기 때문에 구성원 한 명 한 명이 자신의 역량을 발휘하고 계속해서 성장해나감으로써 행복을 느끼고 '진정한 인간'으로 완성되게끔 생애적인 관점에서 지원해준다.

필자는 이 책을 집필하는 과정에서 나름대로의 원칙을 정했다. 제3자가 바라보는 객관적인 관점으로 서술하고, 실제 있었던 사실을 바탕으로 캐논코리아 안산공장 사람들이 진정 즐겁게 일하면서 놀라운 성과를 이루기까지의 눈에 보이지 않는 과정들을 본질적인 측면에서 접근하는 것이다.

많은 사람들이 캐논코리아 안산공장의 현장에서 일어났던 일들을 간접적으로나마 경험해보기를 바란다. 그래서 '이런 생각을 가지고 행동하는 사람들이 있구나.', '대한민국에도 이렇게 자랑스러운 기업이 있어.' 하는 공감대를 형성하고 마음에 작은 변화의 불씨를 갖기를 바란다. 그 작은 불씨로 인해 대한민국의 모든 직장인들이 자기완결형 주체가 되어 진정으로 값진 인생의 가치를 키우고 윤택한 삶을 살 수 있기를 간절히 희망한다. 또한 기업경영은 반드시 서로 간의 존중 위에 구축되어야 한다는 캐논코리아 안산공장의 목소리에 귀 기울이기를 기대한다.

2011년 10월,

대한민국 모든 기업들이 일하는 방식의 진정한 혁명을 통해

구성원들의 진정한 행복을 창조하길 바라며

안국동 협성재에서 류랑도

브랜드 가치와

고객 감동을 만드는 것

Canon
캐논코리아 비즈니스 솔루션(주)
CANON KOREA BUSINESS SOLUTIONS INC.

결국 사람이다.

2011년 9월, 생일자 파티 현장에서

PART 1

일하는 방식의
혁명은 존중받는
구성원으로부터 시작된다

구성원의 희생을 선결요건으로 잡아서는
결코 제대로 된 기업문화가 자리 잡을 수 없다.
변화와 혁신은 경영진과 관리자의 머리에서 시작되는 것이 아니라,
진심으로 구성원들을 위하는 마음에서 시작된다.

1

Chapter

먼저 사람을
춤추게 하다

'나는 왜(Why) 지금(Now) 여기(Here)에 있는가?'

'나는 회사에서 어떤 존재인가?'

이 질문에 답하기 위해서는 다른 사람들이 나를 어떻게 대하는지 살펴보는 것이 가장 쉬운 방법일지도 모른다. 인간은 흔히 자신이 속한 조직이나 주위 사람들과의 관계를 통해서 자신이 어떤 존재인지 확인하려고 하기 때문이다. 그리고 자신이 어떤 조직에 속해 있는지, 어떤 사람들을 대하는지에 따라 사회적 존재감을 달리 느끼며, 타인에게 자신이 어떻게 평가되는가를 중요하게 생각하는 경향이 있다.

특히 직장인들은 하루 일과의 절반 이상을 보내는 회사와 나의 상호관계가 어떠한가에 따라 자신의 존재감을 확인한다. 하지만 안타깝게도 회사 다니는 것이 즐겁다고 말하는 사람보다는 힘들다고 하소연하는 사람을 더 자주 접한다. 그들은 월급 이상의 가치를 지닌 노동력을 제공하면서도 회사와 상사로부터 제대로 대우를 받지 못하고 있다고 생각한다. 그도 그럴 것이, 대부분의 회사와 고용주는 직원을 자신과 동등한 인격체로 생각하지 않으며, 특히 공장에서는 단순한 작업만을 반복시켜서 일하는 사람들로 하여금 스스로를 보잘것없는 존재로 느끼게 만든다. 이와 같은 부정적인 관계로는 개인과 조직 모두에게 이익이 되지 못한다.

　조직에 소속되어 있는 구성원이 자신의 존재를 어떻게 인식하느냐의 가장 중요한 변수는 '조직'이다. 회사가 나를 귀한 존재로 여기고 귀하게 대해준다는 생각을 가지면 구성원 스스로가 긍정적인 자아를 형성하고 일에 몰입하게 된다. 조직으로부터 하잘것없는 존재로 취급당하는 구성원이 자신의 역량을 발휘하고 목표를 달성한다는 것은 거의 불가능한 일이다.

　그런 의미에서 캐논코리아 안산공장에서 시작한 가장 감동적인 변화는 구성원들로 하여금 자신이 회사에 부속된 '종업원'이나 '직원'이 아니라 '독립 인격체'이며 '사람'으로서 존중받고 있다는 생각이 들게끔 하는 것이었다. 사람을 중심으로 신바람 나게 일하는 조직! 이를 위해서는 먼저 회사에서 구성원들을 진심으로 소중하게

생각하고 있다는 마음을 구성원들이 알게 만들어야 했다. 그래서 캐
논코리아 안산공장이 선택한 실천방법은 '칭찬'이었다. 그리고 가급
적이면 캐논코리아 안산공장의 모든 사람들이 알 수 있도록 대대적
으로 칭찬을 하고 선의의 경쟁을 유도하기 위해 몇 가지 상을 마련
했다.

해외연수라고 하면 으레 연구·사무직이나 간부들의 몫이라고 생
각하지만, 캐논코리아 안산공장에서는 생산현장 사람들 위주로 지
난 10여 년간 153명을 일본으로 연수를 보냈다. 이 외에 구성원들의
생일을 꼬박꼬박 챙기고, 현장에 숨어 있는 스타들을 발굴하기도 한
다. 부상으로는 일본 연수를 통한 선진공장 견학과 디즈니랜드 관
광, 프로야구와 난타공연 관람 등이 주어진다.

대신 벌은 주지 않기로 했다. 직원이 실수를 하면 회사는 징계를
하고 급여를 깎는 등의 방법으로 다른 직원들에게 경각심을 심고자
한다. 하지만 캐논코리아 안산공장은 이러한 방법이 회사에 긍정적
인 영향을 끼치는 해결책이 아니라 집단 사기를 떨어뜨리는 결과를
초래할 뿐이라고 생각한다. 오히려 실패는 성공을 위한 필수과정이

2011년 9월, 일본으로 생산혁신 연수를 갔을 때의 모습

라고 본다. 그리고 실패했다고 해서, 실수했다고 해서 구성원을 해고하는 것보다 더 큰 낭비는 없다고 생각한다.

다만 불친절한 언행이나 응대를 했거나, 상식에 벗어나는 행동을 했거나, 업무에 차질이 생길 걸 알면서도 문제를 회피함으로써 조직에 해가 될 수 있는 도의상의 문제를 일으켰을 때는 옐로카드를 발행한다. 이 외에는 약간의 잘못을 했어도 노력한 점을 찾아내어 오히려 칭찬을 하자는 것이 캐논코리아 안산공장의 사람 대하는 방식이다.

혹자는 상 몇 개 마련한 것이 무어 그리 대수냐고 말할지도 모른다. 그리고 어느 회사에나 상벌제도는 있기 마련이다. 하지만 못한 것보다는 잘한 것을 찾아내서 칭찬을 하고 상을 주겠다는 생각의 이면에는 구성원을 통제와 감시의 대상으로 보지 않고 관심과 존중의 대상으로 대하겠다는 마음이 담겨 있다. 캐논코리아 안산공장은 구성원들을 '사람'으로 대한다는 작은 관점의 차이가 조직을 신바람나게 만드는 큰 변화가 되어 돌아올 것이라는 믿음을 갖고 체질 개선에 나선 것이었다.

서로를 위하는 배려가
진정한 휴머니즘이다

제조지원팀의 정다운 사원은 캐논코리아 안산공장에 입사하기 전에 다녔던 회사에서 '언니'들이 무서워 쥐 죽은 듯 지내야 했다. 선임사원들에게 잘못 찍히면 사내에서 왕따를 당하기 일쑤였고, 때때로 불려가서 혼이 나기도 했다. 회사에서는 여자들이 더 무섭다는 말이 있는데, 정다운 사원에게는 그 말이 딱 들어맞았다. 결국 그녀는 회사를 그만두고 새로운 직장을 구했다. 바로 캐논코리아 안산공장이었다.

첫 출근을 하고 보니, 앞으로 일하게 될 생산라인의 구성원 대부분이 여자였다. 그걸 본 순간 걱정이 앞섰다. 여기도 예전에 다녔던 직장에서처럼 선배 여사우들이 텃세를 부리는 건 아닐까 싶어 있는 듯 없는 듯 숨소리조차 죽인 채 지냈다. 같은 라인의 선임사원들이 농담을 던지기라도 하면 어떻게 반응을 해야 할지 몰라 그대로 얼어붙기 일쑤였다.

그런데 생산라인에서 일을 시작한 지 얼마 되지 않았을 때였다. 나이 지긋한 중년 남자 한 명이 항상 웃는 낯으로 라인을 순회한다는 사실을 알고는 궁금증이 생겨서 선임사원에게 저 사람이 누구냐고 어렵게 물었다.

"우리 공장에서 제일 높은 분이야."

대답을 듣고는 깜짝 놀랐다. 정다운 씨가 아는 한 관리자나 경영진은 현장을 자주 찾지 않기 때문이다. 전 직장에서는 상상도 못할 일이었다. 더 놀라운 것은 공장의 최고책임자가 현장을 돌아다니는데도 현장의 구성원들이 전혀 주눅이 들거나 어려워하지 않고 눈치를 보지도 않는다는 사실이었다.

그런데 얼마 지나지 않아 더욱 놀랄 만한 일이 생겼다. 조립 작업을 하고 있을 때, 바로 그 '공장에서 제일 높은 분'이 다가와서는 말을 건네는 것이었다.

"다운 씨, 이젠 일이 좀 익숙해졌어? 불편한 점이나 애로사항이 있으면 언제든지 얘기해줘."

'들어온 지 얼마 되지도 않았는데, 어떻게 내 이름을 아셨을까?'

회사에서 가장 직급이 낮은 데다 입사한 지 얼마 되지 않았는데도 이름을 부르며 친근하게 말을 걸어오는 김영순 전무를 보며 정다운 씨는 감동을 받았다.

“ 서로를 진심으로 아끼는 분위기 속에서
일을 하니, 회사에 있는 시간이 즐겁습니다. **”**

제조지원팀 정다운 사원

그 일이 있은 뒤로는 그때까지 갖고 있던 '경영진'에 대한 생각이 바뀌었다. 그리고 선배 여사우들이 던지는 농담도 자신과 친해지려는 노력으로 받아들이게 되었다. 이제 그녀는 캐논코리아 안산공장을 "텃세 없는 회사"라고 자신 있게 말한다. 자신을 동생처럼, 친구처럼 따뜻하게 대해주는 화목한 분위기 속에서 정다운 씨의 애사심은 점점 더 커지고 있다.

현장을 돌아다니면서 생산라인의 구성원들에게 스스럼없이 다가가는 최고책임자와 그러한 일을 아주 자연스럽게 받아들이는 현장의 구성원들……. 보통의 생산현장으로서는 납득이 가지 않는 대목이다. 공장 견학을 온 타 회사의 임원들이 놀라는 점 가운데 하나도 바로 이것이다. 대개의 생산현장에서는 시시때때로 고함 소리가 나야 일이 제대로 돌아간다고 하는데, 캐논코리아 안산공장에서는 큰소리 한 번 나지 않고 웃고 지내면서도 공장 전체가 일사불란하게 움직인다. 캐논코리아 안산공장에서만 볼 수 있는 이 묘한 장면은 생산본부장인 김영순 전무가 오랜 시간 동안 구성원들과 나누어온 소통과 배려의 리더십 때문에 가능한 일이다.

캐논코리아 안산공장의 생산본부장인 김영순 전무는 무슨 일이든 '어떻게 하면 구성원들이 인정받고 존중받고 있다는 것을 느끼게 해줄 수 있을까?' 하는 생각에서 시작한다. 무슨 일을 하건 출발점은 항상 그 지점이다.

스스로 움직이는 조직을 만드는 첫 번째 열쇠는

회사와 구성원들 사이에 파트너십을 형성하는 것이다.

파트너십은 너와 내가 동등하다는 인식에서 시작된다.

어느 한 쪽이 다른 한 쪽을 통제하고 관리하려고 해서는

결코 만들어질 수 없는 관계다.

김영순 전무는 구성원들이 조금이라도 덜 힘들게 일할 수 있는 방법이 있는지, 혹시 자신이 도와줄 일은 없는지 확인하기 위해 하루도 빠짐없이 현장을 찾는다. 그리고 그때마다 반드시 테마를 미리 정해놓는다.

'오늘은 작업대를 중점적으로 보자.'

'오늘은 구성원들의 표정을 살펴보자.'

'오늘은 조명을 살펴보자.'

미리 테마를 정해놓지 않고 현장을 찾으면 눈에 보이는 것이 너무 많아서 한꺼번에 처리하기 힘들고, 체크하지 못하고 넘어가는 부분이 생긴다. 매일 다른 테마를 정해서 문제가 있는 부분을 하나씩 하나씩 개선해나가는 것이 효율적이다.

현장으로 가기 전에 김영순 전무가 정한 오늘의 테마는 '구성원들의 표정을 살펴보자'다.

라인을 순회하는 동안 구성원들의 표정을 살펴보니 활기차고 밝아 보여서 보는 사람도 덩달아 기분이 좋아진다. 마지막 셀을 돌고

사무실로 돌아가려는데 한 구성원의 표정이 어두워 보인다. 가까이 다가가서 작업하면서 힘들지 않느냐고 물었더니, 긴 시간 동안 상체를 숙인 채 작업을 하다 보니 허리가 아프다는 대답이 돌아왔다. 작업대가 10센티미터만 높아도 작업하는 데 좋지 않을까 하는 이야기를 나눈 뒤, 김영순 전무는 사무실로 이동했다. 그러자 멀리서 지켜보고 있던 주변 동료들이 다가와서, 김영순 전무와 무슨 이야기를 나누었는지 물었다.

"내가 작업대가 낮아서 허리가 아프다는 이야기를 했더니, 그 자리에서 바로 담당 관리자를 불러서는 우리들이 작업하기 좋게 작업대 높이를 바꿔주라고 하셨어."

그 말을 들은 구성원들은 이렇게 생각한다.

'우리를 감시하거나 혼을 내기 위해서 온 것이 아니구나. 우리가 일을 더 편하게 할 수 있도록 하나라도 더 챙겨주려고 직접 나오시는 거구나.'

이런 일이 반복되다 보니 현장의 구성원들은 문제가 발생해도 굳이 숨기려고 하지 않는다.

구성원들이 너무 솔직해지면서 김영순 전무는 해결해줘야 할 일이 늘어났지만, 그것은 즐거운 고생이다. 자신을 필요로 하며 믿고 따르는 구성원들과 함께하고 있다는 사실 때문이다.

리더십의 가장 중요하면서도 어려운 단계는 사람의 마음을 움직이는 리더십이다. 사람의 마음은 돈으로도 살 수 없고 권력으로도 얻을 수 없다. 돈과 권력을 이용하면 잠깐 동안 사람을 따르게 할 수는 있지만 오래 지속되지 않는다. 상대방으로부터 호감을 얻는 것은 사람의 타고난 성향도 한 몫 하지만, 무엇보다도 지속적인 노력을 기울여야 가능한 일이다. 김영순 전무는 구성원들과 소통하고 그들을 배려하려는 지속적인 노력을 통해 사람의 마음을 움직이는 힘을 키웠다.

TV 드라마에서 보는 것처럼, 회사 간부와 사원들이 어둡고 무거운 분위기에서 회식을 하는 모습을 캐논코리아 안산공장에서는 찾아볼 수가 없다. 김영순 전무가 현장의 여사원들에게 함께 식사를 하자고 '데이트' 신청을 하면, 여사원들은 전무님과 저녁약속이 있다고 집이나 애인에게 넌지시 자랑을 하기도 한다.

그렇게 시작된 여사원들과의 '데이트'가 2차, 3차로 이어지는 경우는 드물다. 굳이 자리를 옮겨서 분위기를 쇄신할 필요가 없을 정도로 대화가 끊이질 않는 까닭이다. 결혼에 관한 이야기, 세상 살아가는 이야기, 가족들 이야기 등 나누어야 할 이야깃거리가 너무도 많다. 필자 역시 김영순 전무와 이야기를 하다 보면 시간 가는 줄 모르고 빨려들 때가 한두 번이 아니었다. 그만큼 김영순 전무는 사람과의 만남 자체를 즐긴다.

대부분의 직장에서는 상사나 임원이 밥을 먹자고 하면 하위 구성원들은 표정부터 굳어진다. 단순히 일을 잘 시키기 위해, 목표와 실

적을 달성하게 독려하려는 목적으로 다가갔다면, 캐논코리아 안산
공장의 구성원들 역시 임원과의 식사나 대화를 반기지 않았을 것이
다. 캐논코리아 안산공장의 구성원들은 임원들과 식사하는 자리를
어색해하거나 불편해하지 않는다. 그 이유는 임원들의 진정성 때문
이다.

밥 사준다고 하면 피하지 않고 즐거워하며, 행여 피치 못할 일이
생겨서 같이 식사를 못하게 되면 서운해 한다. 회사의 리더들이 진
정한 애정을 갖고 더욱 편한 환경 속에서 일할 수 있도록 구성원들
을 챙겨주고, 개개인의 발전 가능성을 키워주고 있다는 마음을 공감
하기에 가능한 일이다. 뒤에 가서 더욱 자세히 이야기하겠지만, 캐
논코리아 안산공장의 트레이드마크가 된 셀 시스템과 기종장제도
역시 구성원들을 존중하고 독려하기 위한 회사의 의지와 노력의 산
물이다.

리더의 진정성 있는 노력과 회사의 휴머니즘 경영은 구성원의 감
동을 만들어내고 마음을 움직인다. 공장혁신팀의 이정미 대리는 연
구소에서 일하는 꿈을 이루기 위해 대학교 4년 동안 열심히 공부했

다. 그리고 간절히 바라던 대로 캐논코리아 안산공장 연구소에 입사하여 3년 동안 연구원 경력을 쌓았다. 그런데 김영순 전무의 리더십에 감동을 받은 뒤 생산현장의 제도와 시스템을 혁신하는 업무를 수행하는 공장혁신팀으로 지원을 해서 자리를 옮겼다. 7년 동안 쌓아온 경력을 한 순간에 뒤엎을 만큼 리더에게 진심으로 반한 것이다. 이렇게 사람의 마음을 움직이는 매력이야말로 리더십의 가장 큰 무기일 것이다.

구성원들에게 무조건적인 충성과 복종을 강요하는 것은 리더십의 가장 낮은 단계다. 억압하고 일방적으로 강요하는 리더십이 이끄는 조직은 지속되기 어렵다. 사람은 누구나 비슷하다. 자신을 배려해주고 존중해주고 관심을 갖는 사람을 따르게 되어 있다. 리더와 구성원도 사람 대 사람의 관계다.

생산현장에서 신발을 구겨 신고 일을 하는 사원을 발견한다면 대개의 간부는 근무태도가 나쁘다고 나무라거나 꾸짖는다. 하지만 생각을 바꿔서 혹시 신발이 불편한 건 아닌지, 발이 아픈 건 아닌지 먼저 물어보는 것은 어떨까? 리더가 건네는 따뜻한 한 마디 한 마디로 인해 구성원들은 회사를 더욱 아끼고 사랑하게 되는 것이다.

위에서 예를 든 두 경우의 차이는 구성원을 자신의 지시에 복종해야 하는 대상으로 보느냐, 자신이 관심과 애정을 기울여야 하는 대상으로 생각하느냐 하는 관점의 차이에서 기인한다. 이러한 관점의 차이가 생산현장의 구성원들을 어떤 방향으로 움직이게 하느냐 하는 결과의 차이로 나타난다.

이 시대에 필요한 리더십은 지식과 정보, 권력을 동원하는 것이 아니라 진정한 마음으로 다가가는 휴머니티로 무장해야 한다. 일을 못하고 실수를 반복해서 혼을 내더라도 가슴 한 곳이 찡해지는 인간적인 면을 갖추어야 한다.

그리고 리더는 상대방을 배려하고 존중하는 기본 소양이 있어야 한다. 리더는 지혜를 키우고 사람을 알아가며 구성원들이 자발적으로 움직이게 만드는 능력을 가져야 한다. 리더가 진정성을 가지고 구성원을 대하는데, 어떻게 구성원들이 리더와 회사에 애정을 품지 않겠는가. 리더가 구성원을 인격적으로 존중하면, 그 조직은 사람 냄새 나는 조직으로 변하기 마련이다. 캐논코리아 안산공장에서는 이미 오래전에 시작된 변화다.

높은 사람보다
아랫사람과의
인맥관리에 목숨 걸다

인간관계를 광범위하게 맺는 것은 업무 차원에서도, 당사자의 미래를 위해서도 꼭 필요한 일이다. 현대사회에 올수록 인맥관리의 중요성은 점점 커지고 있다.

인맥관리의 방향을 놓고 보면, 위로의 인맥관리와 아래로의 인맥관리 두 가지가 있다. 대부분의 경우, '아래'보다는 '위'로의 인맥관리에 신경을 쓰고 조직의 상위 리더일수록 더욱 '위'로의 인맥관리에 무게중심을 둔다. 그런데 캐논코리아 안산공장의 김영순 전무는 '위'로의 인맥관리는 아예 포기한 것처럼 보인다.

실제로 그는, 리더에게는 위로의 인맥관리보다 아래로의 인맥관리가 더 중요하다고 말한다. 그 이유는 인맥관리가 '위'로 편중되는 순간부터 바깥으로 도는 시간이 많아지고, 그렇게 되면 가장 가까워야 할 내부 구성원과의 관계에 문제가 생길 수 있다고 생각하기 때문이다.

대부분의 현장에서는 생산직으로 근무하는 사원이 주임 이상의 관리자 얼굴을 볼 수 있는 기회가 거의 없다. 더욱이 경영진의 얼굴을 보는 것은 하늘의 별 따기만큼이나 어렵다. 우리나라 기업 대부분의 경영진이 회사 바깥의 업무에 비중을 두고 있기 때문이다. 반면에 김영순 전무는 외부활동을 최소화하는 대신 구성원들의 이름을 외우고 얼굴을 익히고 그들과 이야기를 나누며 알아가는 일에 재미를 느낀다. 살아 있는 화초를 키우듯, 내부 구성원들과의 관계에 정성을 들여야 한다는 것이다.

김영순 전무는 현장 사람들의 고과점수를 받아보고서, 왜 그런 결과가 나왔는지 의문을 가질 만큼 내부 상황을 잘 알고 있다.

"이 친구는 내가 보기에 매우 성실하고 지난달 실적도 좋던데, 왜 이런 평가가 나온 거지?"

김영순 전무가 공장의 구성원들을 일일이 파악하고 있기 때문에 회사의 상위 조직에서도 구성원들을 함부로 대하지 못한다. 일종의 방어체계까지 생기는 셈이다. 이런 것이 바로 김영순 전무가 말하는 '아래'로의 인맥관리다.

앞에서도 밝혔듯이, 김영순 전무의 하루 일과는 구성원들이 이야기를 꺼내기 전에 자신이 먼저 구성원들을 위해 해줄 수 있는 것이

나에게 가장 중요한 일, 가장 잘할 수 있는 일은
구성원들을 사랑하는 것입니다.

현장을 둘러보고 있는 김영순 생산본부장

무엇인지 찾는 것으로 시작된다. 구성원들이 가장 많이 찾는 휴게실과 식당, 생산라인, 화장실, 탈의실까지 직접 찾아가서 사용하는 데 불편함은 없는지, 사용하는 물건이 고장 나진 않았는지 세심하게 신경을 쓴다.

바닥에 쓰레기가 버려져 있으면 손수 줍고 항상 휴대하는 칼을 가지고 다니면서 구성원들이 무심코 뱉어놓은 바닥의 껌도 직접 긁어낸다. 행여나 장마철이나 눈이 오는 날에는 구성원들이 계단에서 넘어지진 않을까 미끄럼 방지 테이프를 부착하기도 한다. 한겨울에는 구성원들이 옷을 갈아입을 때 추울까 봐 미리 탈의장의 보일러를 켜서 공기를 따뜻하게 데우고, 생산현장이 춥거나 덥지는 않은지 체크를 해서 즉각 조치를 취한다. 어제오늘의 일이 아니다 보니 출근길에 아침부터 부산을 떨고 있는 김영순 전무를 발견해도 구성원들은 그다지 어려워하지 않는다. 구성원들에게 김영순 전무는 '높은 자리에 있는 사람'이 아니라 자신들과 함께하는 '파트너'라는 인식이 심어져 있다.

대부분의 경우 '높은 자리'에 있는 사람들은 사원들 앞에서 위엄을 갖추려고 하기 때문에 직위가 높을수록 조직의 낮은 자리와 멀어지기 마련이다. 때문에 높은 자리의 사람들이 직접 챙기지 않는 한 '낮은 자리'에서 벌어지는 일들을 제대로 파악하기 어렵다. 반면에 김영순 전무는 공장에서 가장 높은 자리에 있으면서도 가장 낮은 곳을 살피기 위해 직접 현장의 구성원들을 찾아다니면서 그들의 이야기업의 '1차 고객'은 그 기업의 구성원이다.
1차 고객을 향한 감동이 2차, 3차 고객으로 확산되면서
기업문화를 세우고 브랜드의 가치를 높이는 것이다.

기에 귀를 기울이고 즉각적으로 반응한다. 아침을 걸러서 배가 고프다거나 오후 근무시간에 간단하게라도 간식을 먹었으면 좋겠다는 건의를 듣고서는 곧장 과자 자판기를 설치했다.

그리고 점심시간에 생산라인의 사원들과 어울려 이야기를 나누면서 식사를 하는 김영순 전무의 모습은 이제 사내 식당의 자연스러운 풍경으로 자리를 잡았다. 그는 오가면서 사원들과 부딪힐 때마다 항상 웃는 얼굴로 일일이 이름을 부르면서 친근감을 표현한다. 일례로, 건강상의 이유로 휴가를 길게 썼던 한 구성원은 회사로 복귀한 첫 날, 김영순 전무가 진즉에 식사를 끝마치고도 퇴식구 앞에서 자신을 기다리다가 몸은 다 나았는지 물어보며 다시 출근하게 된 것을 반겨주었을 때 아버지의 품 같은 따스함을 느꼈다고 한다.

아래로의 인맥관리는 우리가 생각하는 것보다 파급효과가 훨씬 크다. 캐논코리아 안산공장에서 시작된 아래로의 인맥관리는 구성원들로 하여금 자존감을 높이고 스스로 신이 나서 할 일을 찾아서 하게끔 만들었다. 그 반대의 상황을 생각해보면, 쉽게 이해가 갈 것이다.

대부분의 '윗사람'은 '아랫사람들'을 업신여긴다. 자기 밑의 직원들을 자기보다 못하다고 생각하고 현장 사람들에게는 험한 말 섞어가면서 일일이 지시하고 확인하려고 한다. 과연 그런 환경 속에서 일하는 사람들이 어떤 마음으로 제품을 만들어낼까. 그리고 그렇게 만들어진 제품이 과연 고객을 만족시킬 수 있을까.

　기업의 경영진일수록 자신의 가장 중요한 고객이 누구인지 정확하게 알아야 한다. 제품을 구입하는 '고객'과 가장 높은 위치에 있는 '사장'이 아니다. 경영진이 가장 먼저 챙겨야 할 1차 고객은 바로 내부 구성원이다. 그래야 2차, 3차 고객이 제대로 형성되면서 시장에서 제품을 구매해주는 고객과의 연결고리가 끈끈해진다.

| | | | | | | | | | | | | | | | **4** | | | | | | | | | | | | | |

공장을 대변할 수 있는
변화지원군을 양성하다

조직에서 변화를 시도할 때는 환영받기보다는 주위 사람들의 손가락질을 당하거나 경계의 시선이 집중되기 마련이다. 조직의 문화가 딱딱하고 위계서열이 강할수록 이러한 저항은 더욱 심해진다. 제조업의 생산현장이 대표적인 경우다. 김영순 전무가 변화를 이끌어낸 과정에서 가장 눈에 띄는 점은 일방적으로 가이드라인을 정하고 따라오라는 식으로 지시를 내린 것이 아니라, 2년 가까운 시간 동안 꾸준하게 내부 구성원들을 설득하면서 자신의 원군을 만드는 어려운 길을 택했다는 것이다.

캐논코리아 안산공장은 공장을 설립할 당시 국내의 원천기술이 부족했던 탓에 일본과 합작을 해야 했다. 일본 본사에서 파견 나온 전문가를 포함한 10여 명의 일본 인력이 공장에 상주했다. 당시 캐논코리아 안산공장 사람들은 기술을 배워야 하는 학생 입장이었기 때문에 시행착오도 많이 겪었고 전적으로 일본 인력에 의존할 수밖에 없었다.

일본 캐논과 기술도입 계약을 체결한 뒤 꾸준히 기술을 축적해나 갔지만 1995년에 이르렀을 때 캐논코리아 안산공장은 경쟁력을 상실하고 제품의 품질도 하락해서 일본 측과 합작관계를 유지하는 것 자체가 문제가 될 정도로 심각한 상황에 처했다. 이러한 상황에서 제조를 책임지게 된 김영순 전무는 이 난국을 어떻게 타개해나가야 할지 고민에 고민을 거듭했다.

그러던 중 기술이 부족해서 일본과 합작을 했지만, 머리와 가슴까지 합작을 한 것은 아니라는 생각이 들었다. 당장은 일본 캐논의 기술자들만큼 기술 수준이 뛰어나지 않더라도 최소한 일을 하는 방식을 정립하고 공정을 관리하는 일만큼은 캐논코리아 안산공장 사람들이 주도적으로 해야 한다는 생각을 하게 된 것이었다. 한일감정을 격화시키자는 것이 아니었다. 다만 일본 사람들 앞에서 부끄럽지 않기 위해서, 그리고 한국 사람답게 제대로 일하는 당당한 모습을 보여주고 싶어서였다.

그러나 변화를 유도하고 잘하고 싶은 마음은 굴뚝같았지만 현실은 따라주지 않았다. 제조업체인 캐논코리아 안산공장은 '변화'라는 단어가 매우 낯선 현장이었다. 공장에서 진행되는 거의 모든 공정 부문을 일본 본사로부터 감독받아야 했고, 빠른 시일 내에 기술적으

임원진과 간부들이 혁신과 변화의 가이드라인을 세울 수는 있지만,
결국 그것을 실행하는 주체는 구성원들이다.
때문에 소통과 배려가 없이 위에서 아래로 내려오는
상명하달 식으로 진행하는 혁신과 변화는 벽에 부딪힐 수밖에 없다.

로 독립을 하고 싶어도 한국에 상주하는 일본의 기술자들이 캐논코리아 안산공장 사람들을 위해서 세밀하고 상세하게 기술을 가르쳐주는 입장도 아니었다.

하지만 기존의 프로세스로는 결코 난국을 타개할 수 없다는 결론을 내렸다. 구성원들 모두가 월급 받는 것만큼만 일하겠다는 수동적인 자세로는 일터를 지킬 수 없으며, 조직이 변하지 않는 한 회사는 계속 그 자리에 머물러 있을 것이 불을 보듯 뻔했다. 부딪히고 깨지더라도 일단은 시도를 해봐야 했다.

내가 먼저 시작해야 했습니다. 리더는 자신을 따르는 사람들보다 한 발 앞서나가야 한다고 생각합니다. 리더부터 시작해야 구성원들을 이끌 수 있습니다.

이때부터 김영순 전무는 단순한 직장인이 아니라 진취적이고 적극적인 사업가 마인드를 가지고 불멸의 집념을 발휘했다.

변화를 유도하기 위한 김영순 전무의 첫 번째 공략대상은 회사의 1차 고객인 내부 구성원들이었다. 김영순 전무의 아래로의 인맥관리는 사실상 이때부터 시작되었다 해도 과언이 아니다. 그는 틈 날 때마다 구성원들과 이야기를 나누면서 앞으로 우리가 어떤 시스템을 만들어나가야 하는지, 어떻게 변화해야 하는지에 대한 청사진을 보여주었다. 변화에 익숙하지 않은 내부 구성원들, 특히 현장의 인력들은 그저 자기네보다 직급이 높은 사람이 하는 이야기니까 묵묵히 듣고 있을 뿐 별다른 반응을 보이지 않았다. 하지만 김영순 전무는 언젠가는 메아리가 돌아오리라는 확신을 갖고 내부 구성원들에게 끊임없이 변화 마인드를 심었다.

두 번째 공략대상은 일본 사람들이었다. 일본에서 출장을 온 본사 직원이면 사원에서부터 책임자까지 가리지 않고 앞으로 공장이 그려나갈 변화의 청사진을 1시간이고 2시간이고 설명을 했다. 캐논코리아 안산공장으로 파견이나 출장을 온 일본 사람들은 실질적인 결재권이 없었기 때문에 오히려 부담감 없이 편하게 김영순 전무의 이야기를 듣고 자신의 의견을 피력했다.

"아, 그거 좋은 생각입니다. 괜찮겠네요."

"그런데 이런 문제가 있지 않을까요?"

일본 사람들이 편하게 이야기하는 동안, 김영순 전무는 그 사람들 입에서 나오는 말을 한 마디도 놓치지 않고 피드백으로 받아들였다. 그런 식으로 수십 차례 같은 일을 반복하면서 김영순 전무는 스스로 가진 계획을 조금씩 보완해나갔다.

그리고 시간이 흐르면서 내부 구성원들 사이에서도 조금씩 반응이 나타났고, 일본 본사의 직원들이 보이는 피드백 역시 보다 구체적인 모습을 띠기 시작했다. 더욱 고무적인 일은 김영순 전무로부터 공장의 변화에 대한 청사진을 들은 일본 직원들이 본사에 돌아가서 메신저 역할을 했다는 것이다.

"지금 캐논코리아 안산공장에서 뭔가를 새롭게 시도하려고 하는 것 같은데, 한번 해볼 만한 일이라고 생각합니다."

한국에 출장을 다녀온 일본 본사의 직원들 사이에서 나온 이야기가 이런 식으로 일본 본사의 기획실과 사장에게도 전달이 되었다. 그러자 캐논코리아 안산공장 사람들의 시각도 서서히 바뀌기 시작했다.

"일본 캐논 사람들이 그렇게 말하는 것 보면 괜찮은 거 아니겠어?"

이렇게 분위기가 무르익자, 당시 캐논코리아의 김대곤 사장은 어떠한 결과가 나오든 본인이 책임을 지겠다며, "도와주지는 못할망정 딴죽은 걸지 말라."며 뒤를 받쳐주었다.

김영순 전무는 캐논코리아 안산공장에서 변화되어야 할 문제점을 직접 찾아냈다. 그리고 변화를 구상하고 시도하는 과정에서 일본 캐논 사람들의 입을 빌렸다. 파견을 오거나 출장을 온 일본 직원들이 동반자가 되도록 설득하고 내부 구성원들의 마음을 얻음으로써 변

점심식사 시간은 구성원과 리더가 소통할 수 있는 소중한 시간이다.
사진은 함께 밥을 먹으며 이야기를 나누고 있는 구성원들과 김영순 전무

화를 향한 긍정적인 분위기를 만들었다.

　김영순 전무가 변화를 이루기 위한 내부 지원군을 만들기까지는 꼬박 2년이 걸렸다. 그리고 제품을 생산하는 공장 본연의 임무를 잊지 않고 최상의 품질을 유지하겠다는 약속을 일본 본사에 다짐하고서야 캐논코리아 안산공장은 새로운 출발점에 설 수 있다.

　캐논코리아 안산공장의, 구성원들을 주체적인 인재로 탈바꿈시키고 능동적인 자기완결형 조직을 탄생시킨 '셀 생산방식'과 '기종장 제도'는 이렇게 해서 첫 걸음을 떼었던 것이다.

5

Chapter

최고경영자 수준이 되어야
숨겨진 부가가치를
제대로 찾을 수 있다

생산현장 혁신의 대표적인 기업으로 토요타가 손꼽히던 시절이 있었다. 빠르게 변화하는 시대의 요청에 부응하면서 변화와 혁신을 꾀하던 기업들은 한 번쯤 토요타를 찾아가 그들을 벤치마킹했다. 캐논코리아 안산공장 역시 변화와 혁신을 추구하던 초기에 토요타를 벤치마킹 대상으로 잡았지만 돈이 없어서 단 한 명도 보내지 못했다. 회사의 사정이 여의치 않던 때였기에 수익과 직결되지 않는 예산은 한 푼도 쓸 수 없었다. 상황이 이렇다 보니 해외로 견학을 간다는 것은 꿈도 꾸지 못할 일이었다.

하지만 지금의 캐논코리아 안산공장을 보면 이런 생각이 든다.

'토요타에 안 갔어도 이만큼 하고 있다.'

그들은 1등을 좇지 않는다. 스스로의 힘으로 자신들에게 어울리는 새로운 판을 짜고 거기에 맞추어 효율적으로 제품을 생산하면서 주목을 받고 있다. 끊임없이 새로운 것을 만들어내고 새로운 미래를 창조해나간다. 한편으로 생각해보면, 돈이 없어서 해외에 벤치마킹을 가고 싶어도 포기해야 했던 일이 오히려 역전의 발판이 되었는지도 모른다. 스스로 문제를 해결해가는 과정에서 한국형 제조 시스템을 독자적으로 개발했기 때문이다. 국내뿐만 아니라 세계적으로 기술력이 뛰어나다고 하는 일본의 기업들조차 배우기 위해 찾아오는 지금, 캐논코리아 안산공장의 위상은 그들 스스로가 평가하는 것 이상일지도 모른다.

그런데 한 가지 안타까운 점이 있다. 캐논코리아 안산공장을 벤치마킹하기 위해 찾아오는 사람들 대부분이 5년차 미만의 주임·대리급이라는 사실이다. 책임자 급에서도 일부 찾아오기는 하지만 그들은 부하직원들을 거느린 채 대표자 자격으로 참석하는 경우가 많다.

한창 실무를 담당하면서 일에 대한 전반적인 프로세스를 익히고 적절한 경험을 쌓기 시작하는 시기에 다양한 교육을 받는 것은 매우 의미 있는 일이고 투자임에 분명하다. 그러나 직급이 낮은 경우에는 당사자가 느끼고 깨달은 것을 조직 내에서 전사적으로 전파하고 공유하기까지 많은 시간과 노력이 필요하다. 조직의 아래에서 상위로 올라가는 과정이, 조직의 상위에서 아래로 향하는 것보다는 속도와 파급력 면에서 약하기 때문이다.

경영환경이 급속도로 변화하는 현 시점에서는 벤치마킹을 위한 견

10여 년 전만 해도 존폐 위기에 처해 있던 캐논코리아 안산공장은
이제 국내외 유수의 기업들이 배우기 위해 찾아오는
대표적인 벤치마킹 모델이 되었다. 캐논코리아 안산공장은
기업 관계자뿐만 아니라, 다양한 공공기관의 공무원들도 찾아오는
혁신과 변화의 상징으로 자리 잡았다.

학과 공부는 최고경영자가 하는 것이 효과적이다. 최고경영자가 직
접 보고 느껴야 조직의 혁신이 빨라지고 파급효과가 전사적으로 미
치게 된다. 하지만 타 기업을 벤치마킹하기 위해 다니는 최고경영자
를 찾기란 매우 어렵다.

그런데 캐논코리아에 뜻밖의 손님이 찾아왔다. 세계적 기업인 삼
성의 이재용 사장이다. 기업의 최고경영자가 직접 다른 기업을 벤치
마킹하기 위해 찾아오는 경우도 드문데, 이재용 사장은 삼성의 하청
업체 규모도 안 되는, 지방의 구멍가게만 한 공장을 무려 세 번이나
찾아왔다. 세 번 모두 그룹사의 대표들을 데리고 왔다.

처음 왔을 때는 혁신그룹을 이끌고, 두 번째는 공장장 그룹과, 세
번째는 최지성 부회장을 비롯한 사장단과 동행했다. 신문에서나 볼
수 있는 얼굴들이었다.

이재용 사장은 캐논코리아 안산공장에 올 때마다 삼성의 미래가
걱정돼서 찾아왔다며 겸손하게 이야기했다. 혁신그룹이 변화를 시
도하려고 하면 공장장 그룹이 반대하고, 공장장 그룹이 변화를 시도

캐논코리아 안산공장을 방문한 충북지방경찰청 임직원들을 대상으로 브리핑을 하는 모습
캐논코리아 안산공장에는 기업 관계자를 비롯한 각 단체의 발길이 끊이지 않는다.

하려고 하면 사장단이 반대하는 일이 잦아서 직접 현장을 보여주려고 왔다고 했다. 이재용 사장뿐만 아니라 그 자리에 함께 온 경영진들 모두가 최종 의사결정권을 가진 대표들이었다.

성과를 창출하기 위해서는 최고경영자들부터 스피디하게 움직여야 한다. 한두 시간 정도의 짧은 시간 동안 벤치마킹하러 간 현장을 휙 둘러보고는 회사로 돌아가서 "지난번에 다른 회사 가보니까 새롭고 이상한 것 하던데, 당신들도 한번 가봐라." 하는 식으로 몇몇 구성원들을 보내는 것으로 과연 제대로 된 벤치마킹을 할 수 있는지, 그를 통해서 혁신을 할 수 있는지 모를 일이다. 최고의 삼성도 최소한 세 번 정도는 움직여야 한다고 판단했기 때문에 벤치마킹을 하러 온 것이다.

변화하고 혁신을 이루고 싶다면 최고경영자부터 노력해야 한다. 최고경영자는 스피디하게 변화를 만들어가는 사람이어야 한다. 최고경영자가 나서서 변화와 혁신의 필요성과 방향을 구성원들에게 설명하고, 구성원들로부터 공감을 얻어낸다면 변화와 혁신의 물결은 조직 전체로 전파될 수 있다.

조직에서 변화와 혁신이 제대로 안 되는 가장 큰 이유는 경영진과 구성원이 변화를 선도하기보다는 따라 가려고만 하기 때문이다. 경영진은 구성원들이 알아서 변화해주기를 바라고, 구성원들은 경영진이 변화를 선도하기를 바라기만 한다면 결국 아무도 움직이지 않는 셈이다.

그리고 또 한 가지 중요한 사실은 리더가 변화를 주도하더라도 그 것이 일방적으로 하달하는 방식이어서는 안 된다는 점이다. 때문에 캐논코리아 안산공장의 김영순 전무가 변화와 혁신을 하기에 앞서 구성원들의 공감을 얻어내는 '어려운 길'을 택했던 점에 주목해야 한다. 리더가 변화를 선도하고 혁신에 앞장서야 하지만, 결국 변화 와 혁신을 실현하는 실질적인 주체는 구성원들이기 때문이다. 구성 원들을 주인공으로 만들고 그들을 최고경영자 수준까지 끌어올려야 변화와 혁신에 숨겨진 부가가치를 제대로 찾아낼 수 있다.

6

Chapter

퇴직자 면담이
입사자 면접보다
더 중요하다

1995년 1월, 김영순 전무가 제조부장이 되었을 때의 일이다. 제조부서 사람들을 불러놓고 이렇게 이야기했다.

"여러분들과 열심히 일하고 싶습니다. 저는 우리 제조부를 회사에서 가장 부러워하는 집단으로 만들겠습니다."

당시는 회사 사정이 무척 어려운 때였다. 회사 사정이 어렵다 보니 생산현장의 사원들도 어깨가 축 처져 있었다. 사실 현장 사람들에게 무슨 잘못이 있겠는가. 경영난은 조직 상위층의 간부들이 제대로 못하기 때문에 발생하는 것이다. 당시 제조부장이었던 김영순 전무는 우선 구성원들의 사기를 진작시켜야 한다는 생각을 갖고 그렇게 말한 것이었다.

그런데 제조부로 배정이 된 신입사원들이 얼마 견디지 못하고 퇴사를 하는 것이 눈에 보이기 시작했다. 월급을 주지 않는 것도 아니고 주문 물량이 줄어든 상황이라 작업강도도 예전보다 많이 약해졌는데, 도대체 왜 입사를 하기 무섭게 퇴사하는 사람들이 늘어나는지 알 수 없는 노릇이었다.

퇴직 희망자들을 불러놓고 상담을 해서 찾아낸 원인은 면접 시스템에 있었다. 당시 입사자 면접은 임원이나 부장이 진행했다. 그런데 현장에 대해서 속속들이 알지 못하는 사람들이 현장 직원을 선발하다 보니 시작부터 어긋나기 시작한 것이었다.

현장에 맞지 않는 기준으로 사람을 뽑으니 생산현장에서는 그렇게 뽑힌 사람들에 대해서 곡해를 했다. 간부의 친척이거나 지인의 자녀일 거라고 지레짐작한 것이었다. 그래서 신입사원을 함부로 대하지 못하고 일을 제대로 시키지도 못했다. 신입사원들은 그들 나름대로 선임사원들이 자기들을 싫어해서 일을 주지 않는 것인가 싶어 적응을 하지 못했다.

상황을 파악하자마자 김영순 전무는 임원과 간부진에게 있던 면접권을 제조현장으로 넘겨주고 현장의 과장급 3명을 면접관으로 선출하여 면접을 복수로 진행했다. 그러자 신입사원들의 퇴사 비율이 현저히 줄어들었다.

하지만 문제가 거기에서 그친 것은 아니었다. 회사 형편이 어려워지자 미래를 불안하게 여긴 기존의 구성원들 중에서도 그만두겠다는 사람이 더러 나왔다. 그래서 김영순 전무는 퇴직 희망자를 대상

캐논코리아 안산공장의 출근길 모습

캐논코리아 구성원들의 출퇴근 운송을 맡고 있는 협력업체의 대표. "우리 가족들이 마지막 한 사람까지 안전하게 도착하는 것을 보기 위해" 아침마다 출근길을 함께하며 마지막 버스가 들어올 때까지 자리를 지킨다.

으로 면담을 시작했다.

회사가 싫어서 그만두겠다며 노골적으로 불만을 드러내도 냉소적으로 대하지 않았다. 퇴직 희망자 면담을 할 때는 그 사람이 우리의 소중한 고객이라는 마인드로 진행했다. 그리고 회사가 그려나갈 미래의 모습을 보여주면서 그 미래를 함께 만들어나가자고 설득했다. 또한 그동안 일을 하면서 보고 듣고 느꼈던 것, 개선했으면 좋은 것들을 말해달라고 했다. 만약 퇴직 희망자에게서 시원한 대답이 나오지 않거나 퇴직 희망자가 갈등하는 모습을 보이면 면담은 대여섯 시간 동안 이어지기도 했다.

"들어오는 것도 어렵지만 나가는 건 더 어렵다."

"그만둘 때 제조부장에게 걸리면 골치 아프다."

이런 말들이 공장에 퍼지기 시작했다. 그러자 그만두려고 마음먹었던 사람들도 자기네의 이야기에 진지하게 귀 기울이는 회사의 모습을 다시 보게 되었다. 그 당시에 내일 당장 그만두겠다고 마음을 먹었다가 김영순 전무에게 설득되어 십수 년이 지난 지금까지도 함께 일을 하는 구성원들도 여럿이다.

퇴직 희망자를 대상으로 제조부장이 직접 면담을 진행하면서 전혀 의도하지 않은 변화가 찾아오기도 했다. 제조부장이 현장을 돌아다니다가 사원들에게 말을 걸면 그 사원의 상사는 긴장하기 마련이다. 도대체 제조부장과 그 사원이 무슨 이야기를 나누었는지 알아내

행동심리학자들은 우리나라 사람 한 명이 직접적으로 영향을 미치는
인적 네트워크의 범위가 평균 250명이라고 보고 있다.
이 말은 곧 한 사람을 감동시키면 250명을 감동시킬 수 있다는 뜻이다.
캐논코리아 안산공장의 성공 배경에는 '한 사람'을 소중하게
여기는 마음이 있는지도 모른다.

려고 전에 없던 친절을 베풀기도 한다. 김영순 전무의 퇴직 희망자 면담이 바로 이런 효과를 가져왔다. 그렇다고 해서 그 일로 문책을 당하거나 피해를 본 구성원은 없었다. 서로가 조심하면서 자연스럽게 일하기 좋은 문화가 자리를 잡은 것이었다.

면담 타이밍 역시 대단히 중요했다. 결국 퇴사를 하는 것으로 결정이 난 사원들 중 몇 명이 당시 제조부장이었던 김영순 전무에게 인사를 하면서 이런 말을 했다.

"보름 전에만 부장님과 면담을 했더라면 회사를 그만두지는 않았을 겁니다."

그 말을 들은 뒤 김영순 전무는 각 담당자들을 모아서 이렇게 으름장을 놓았다.

"앞으로 사직서 용지를 가지러 오는 사원들에 대해서는 나한테 미리 알려주십시오. 사직서 용지를 가지러 온 직원이 있었는데도 내가 연락을 받지 못한 상태에서 사표가 올라오면 각오들 해야 할 겁니다."

사소한 일로 치부하고 신경을 쓰지 못하는 사이에 안타까운 인재를 잃을 수도 있는 상황을 미연에 방지하기 위해서였다. 이렇게 해서 사직서 양식을 가져간 사람이 있다는 연락을 받으면 슬그머니 다가가서 간단한 이야기도 나누고 커피도 같이 마시면서 힘을 내라고 응원을 했다. 회사를 그만두고 싶은 마음이 굳어지기 전에 미리 면담을 해서 마음을 바꾸려고 했던 것이다.

　　퇴직 의사를 밝히기 위해 제조부장 사무실 문을 두드렸던 사람들은, 오랜 시간 면담을 하고 나서 사무실을 나서는 순간부터 다른 구성원들에게 앞으로 회사가 어떻게 달라질 것인가에 대한 청사진과 비전을 전파하는 역할을 했다. 회사를 그만두려던 사람들이 오히려 제조부장의 대변인이 된 셈이다.

　　그리고 퇴직 면담을 하면서 마음을 돌렸던 사람들은 시간이 지나면서 제조부장이 들려주었던 캐논코리아 안산공장의 청사진이 차츰 현실로 드러나는 것을 직접 목격했다. 이를 통해 구성원들은 자신들을 인간적으로 존중해주며 즐겁게 일할 수 있는 기반을 만들어준다던 약속을 더욱 믿게 되었다.

　　이제 캐논코리아 안산공장에는 신입사원 면접보다 퇴직 희망자 면담에 더욱 공을 들이는 풍토가 자리 잡았다. 캐논코리아 안산공장에서는 퇴직 희망자들을 '소중한 사람'이라는 생각으로 면담을 한다. 그들은 지금까지 회사를 위해 노력을 아끼지 않은 파트너이고, 어느 누구보다도 회사의 장단점을 잘 알고 있는 사람들이다.

그리고 퇴직자 면담을 하다 보면 리더나 회사 입장에서는 미처 살피지 못했던 문제점과 개선할 사항을 듣기도 한다. 회사가 마냥 좋은데 떠나려는 사람은 없다. 무언가 서운한 것이 있거나 불만이 있기 때문에 회사를 떠나려고 한다. 비록 어쩔 수 없이 그들을 떠나보낸다 하더라도 그들의 입을 통해 남아 있는 구성원들에게 생길 수 있는 문제를 미연에 방지할 값진 조언을 들을 수도 있다.

　　캐논코리아 안산공장이 퇴직자 면담에 정성을 기울이는 마지막 이유는 회사를 떠나는 사람들에게 회사의 좋은 이미지를 남기기 위해서다. 왜냐하면 그들은 회사를 떠나는 순간부터 동료가 아니라 고객이 되기 때문이다.

눈에 보이지 않는 마음을
지켜주어야
진정한 가족이다

필자는 캐논코리아 안산공장을 둘러보면서 여러 가지 복지시설에서도 구성원들을 향한 존중의 마음을 읽을 수가 있었다. 그중에서도 특히 탈의실은 캐논코리아 안산공장의 구성원들을 위한 세심한 배려의 마음이 집약된 장소라고 할 수 있다.

탈의실 문을 열고 안으로 들어서면 원목 무늬로 가지런하게 정렬되어 있는 기다란 라커가 보인다. 탈의실 안은 덥지도 춥지도 않은 쾌적한 온도를 유지하고 있다.

하지만 캐논코리아 안산공장의 탈의실이 처음부터 이렇게 아늑했던 건 아니었다. 여름에는 눅눅한 습기와 더위가 쉬 지치게 만들었고, 겨울에는 찬 공기가 몸과 마음을 얼어붙게 만들었다. 바닥은 냉기 때문에 발을 디디기 힘들 정도여서 바닥에 주저앉아 옷을 갈아입는다는 건 상상도 할 수 없었다. 공장으로 출근을 한 구성원들은 가족을 위한 든든한 일터가 되어주는 직장에서 일할 수 있다는 사실에 고마워하다가도 탈의실에서 보내는 그 짧은 순간에 분명 아쉽고 서운한 기분도 들었을 것이다.

회사에서 일부러 시설비를 아끼려고 탈의실을 방치했던 것은 아니었다. 아침에 출근해서 가장 먼저 만나게 되는 공간인 탈의실에서 구성원들이 그런 불편을 겪을 거라는 데까지 미처 생각이 미치지 못했던 것이었다.

탈의실을 대대적으로 개선하게 된 계기는 김영순 전무가 퇴직을 희망하는 여사원과 진행했던 면담 때문이었다. 그 여사원은 추운 겨울날, 며칠 동안 살까 말까 망설이다가 큰마음 먹고 장만한 값비싼 겨울 코트와 부츠를 출근하자마자 자그마한 라커에 구겨 넣어야 할 때의 속상한 마음을 아느냐며 호소했다. 김영순 전무는 구겨지는 물건들처럼 그녀의 마음에도 주름이 졌을 것이라는 생각이 들었다. 근무가 끝나고 다시 라커를 열었을 때 열 시간 가까이 구겨져 있었던 탓에 구김 자리가 선명하게 새겨진 그 옷을 다시 입어야 할 때면, 하루를 열심히 일했다는 보람보다는 자기도 모르게 자신의 처지를 한탄하게 되었을지도 모른다. 고등학교를 졸업하고 이제 막 사회생활을 시작한 꽃다운 나이의 여사원들에게는 출퇴근을 하면서 옷을 갈아입을 때마다 접하는 그 순간들이 쌓여서 깊은 상처가 될 수도 있는 일이었다.

캐논코리아 안산공장의 탈의실. 옷이 구겨지지 않도록 키가 큰 캐비닛이 설치되어 있다.

여자의 '꽃 심(心)'을 지켜주어야 진정한 가족이다. 그녀들은 현장에서 하루 종일 정직하게 땀 흘려가며 일하는 사람들이다. 그들이 회사를 위해 해준 만큼 회사도 구성원들을 대접해주어야 하는 것은 당연한 일이다.

탈의실을 리모델링하기로 최종 결정을 내린 뒤로 회사에서는 구성원들의 목소리에 더욱 귀를 기울이고 그들의 입장에서 다시 생각하게 되었다. 그렇게 해서 탈의실을 비롯한 여러 편의시설들이 지금의 모습으로 다시 탄생했다.

출근 시간 30분 전이면 보일러와 에어컨이 자동으로 가동되면서 구성원들이 쾌적한 환경에서 편안하게 옷을 갈아입고 하루를 시작할 수 있게 되었다. 그리고 여사원들의 바람대로 옷자락이 긴 겨울 코트와 부츠가 넉넉히 들어갈 만큼 긴 라커로 바꾸었다. 예전에는 탈의실에 들어갈 때마다 자존심이 상하기도 했지만, 이제는 달라졌다. 회사에서 자신들을 대접해주기 위해 노력하는 모습을 보면서 근무 환경이 차츰 좋아지고 있구나 하는 공감대도 형성되었다. 덕분에 하루를 시작하는 구성원들의 얼굴이 한층 밝아졌고 생산성과 업무 효율도 크게 향상되었다.

사람은 사소한 배려에 감동을 느낀다. 월급이 5~10퍼센트 올랐다고 1년 내내 회사에 감사하는 사람은 없다. 하지만 구내식당에서 맛있는 음식이 나오고 화장실에서 질 좋은 화장지를 쓰면 그게 감동이 된다.

기업의 생산성이 반드시 생산현장에서 결정되는 것은 아니다.
캐논코리아 안산공장은 생산과 직접적인 연관이 없는
구내식당, 탈의실, 화장실과 같은 사적 공간에서
생산성과 성과가 창출된다고 믿고 있다. 생산성과 성과를 결정짓는
가장 중요한 요소는 구성원들이 조직에 대해서 가지는 소속감과 일체감이다.

한동안 신종 인플루엔자가 퍼져서 연일 손을 깨끗이 씻으라는 캠페인이 이어졌다. 그때 이름만 들어도 누구나 아는 비싼 물비누를 사내에 비치했다.

"와, 집에서도 못 쓰는 걸 회사에서 공짜로 쓰는구나."

구성원들 대부분이 놀라는 눈치였다. 그리고 집에 돌아가서 식구들에게, 모임이 있을 때 친구들에게 회사가 자신을 위해준다는 사실을 은근히 자랑하면서 구성원 개개인의 자부심도 높아졌다.

캐논코리아 안산공장의 '명물'을 하나 더 꼽으라면 단연 구내식당을 들 수 있다.

일정한 규모를 갖춘 조직은 식당을 자체적으로 운영하거나 아웃소싱을 해서 구성원들이 사내에서 식사를 해결하도록 하고 있다. 이는 구성원들의 식비를 회사에서 일부 지원하는 복지정책인 동시에 점심시간에 구성원들의 이동 동선을 최소화해서 업무효율을 높이자는 계산이 깔려 있기도 하다.

그런데 대부분의 생산현장에 딸려 있는 구내식당은 군대의 급식소처럼 분위기가 음침하고 칙칙하다. 메뉴도 제한되어 있기 때문에 사실상 선택권이라는 것이 거의 없다. 시간이 넉넉한 사람들은 사비를 들여서 주변의 식당을 찾아갈 수도 있지만, 정해진 시간 안에 일정량의 제품을 생산해야 하는 생산라인의 사람들에게는 그럴 만한 여유가 없다. 그래서 구내식당은 허기를 채우기 위해, 또는 오후 근무시간을 버틸 만큼의 에너지를 공급받기 위해 찾는 곳 정도의 의미를 둘 뿐이다.

이에 반해 일찌감치 구성원 존중에 경영의 초점을 맞추었던 캐논코리아 안산공장은 구성원들이 적어도 하루에 한 번 이상 찾는 식당 공간을 아늑하고 화사하게 꾸미자는 계획을 세웠다. 그래서 대대적인 변화와 혁신을 꾀하기 시작했던 1997년 무렵에 1억 원 이상을 투자하여 식당을 리모델링했다. 식당의 내부 공간이 개선되자 구성원들은 회사에서 자신들을 위해 노력하고 있다는 인상을 받고 감동했다. 그와 함께 점심시간에 구내식당을 찾는 구성원들의 비율이 매우 높아졌다.

하지만 시간이 흐르면서 초기의 감동은 사그라지고 식당을 찾는 구성원들도 조금씩 줄어들었다. 식당이 개업을 하면 초반에는 손님이 끊이지 않다가 시간이 지나면서 손님이 줄고 매상이 줄어드는 것과 같은 이치였다. 식당의 손님이 줄어드는 이유는 명백하다. 맛이 없기 때문이다. 당시 캐논코리아 안산공장은 구내식당의 내부공간을 개선하면서 메뉴도 상당히 업그레이드시켰다. 하지만 적지 않은 수의 구성원들을 대상으로 식당을 운영하다 보니 음식의 맛을 모두의 입맛에 맞추는 데에는 한계가 있었다. 그리고 대부분의 구내식당이 그렇듯, 많은 양의 음식을 한꺼번에 준비하다 보니 음식의 질이 일반 식당에 비해 떨어지는 것이 사실이었다. 그래서 구성원들 중에는 일이 고돼서 힘들거나 피곤하면 아예 점심을 거르고 쉬겠다는 사람이 생기기도 했다. 구내식당 밥을 간절히 먹고 싶게 만들 만큼의 수준에는 미치지 못했던 것이다.

점심을 거르는 구성원들이 조금씩 늘어나고 있다는 사실을 알아차린 캐논코리아 안산공장은 다시 한 번 구내식당 리모델링을 단행한다.

"현장 사람들이 일하다가 힘들어서 쓰러지기 일보 직전이라도 기어와서 먹고 싶어 할 정도로 음식을 맛있게 만들어 달라. 비용은 얼마든지 지불하겠다."

한 마디로 회사에서 밥 먹는 것을 좋아하게 만들자는 계획이었다. 그래서 캐논코리아 안산공장 구내식당의 두 번째 리모델링은 내부 공간을 개선하는 것뿐만 아니라 음식의 맛과 질을 월등히 높이는 데 초점을 맞추었다.

점심시간은 단순히 오후 근무를 위해 에너지를 비축하는 시간이 아니라, 고된 노동 가운데 주어지는 쉼표와 같은 시간이다. 동료와 함께 밥을 먹으면서 팀워크를 다지고, 혀를 즐겁게 하면서 짧게나마 행복을 누리는 시간이어야 한다. 구성원들이 점심시간 동안 행복을 누리게 하기 위해서는 다른 무엇보다도 음식의 맛이 보장되어야 했다. 그래서 캐논코리아 안산공장은 구내식당을 행복 공간으로 꾸미겠다는 계획을 세우고 다시 한 번 메뉴의 다양성과 맛을 업그레이드하기로 했다.

영양사들은 맛있는 음식을 골라 먹을 수 있는 즐거움을 줄 수 있도록 메뉴를 대대적으로 바꾸었다. 현재 캐논코리아 안산공장 구내식당에서는 매 끼니마다 항상 두 가지 코스를 제공한다. 가장 무난한 한식 메뉴를 기본으로 하고, 젊은 층이 좋아하는 양식, 중식, 일식 등을 곁들이는 것이다. 특히 구성원의 절대다수를 차지하는 여성들은 골고루 음식을 주문해서 나누어 먹는 것을 좋아하기 때문에 다양성을 확보하는 것이 중요했다.

양식 메뉴는 돈까스, 스테이크, 스파게티 등이 준비되어 있고, 구성원들이 싫증을 낼 때가 되었다 싶으면 이 메뉴는 일식과 중식으로 바뀐다. 또한 샐러드와 후식을 배식할 수 있는 공간과 급식대를 별도로 마련했다.

캐논코리아 안산공장에 입사한 첫날, 중식 코스를 선택한 김경애 사원은 짜장면 한 그릇, 군만두, 양장피 등의 메뉴로 식판을 채우면서 무척 놀라워했다. 회사의 구내식당에서 이렇게 다양한 종류의 음식을 한꺼번에 먹을 수 있다는 것 자체가 대단히 신기한 일이었기 때문이다. 그리고 구성원들의 요청에 의해 매주 화요일과 목요

캐논코리아 안산공장의 구내식당 모습

최근 캐논코리아 안산공장은 직원들의 식사 재료비용을 19% 인상했다.
사진은 메뉴 품평회를 하고 있는 모습이다.

구내식당의 맛깔스러운 음식들. 한식, 중식,
양식 등 다양한 메뉴를 준비해놓고 있다.

대부분의 기업에서는 내부 구성원을 대상으로 사업계획을 발표할 때

원대한 비전을 제시하는 한편, 현재가 심각한 위기상황임을 늘 강조한다.

이는 현실과 이상 사이에 존재할 수밖에 없는 괴리를,

구성원을 다그치거나 그들의 희생으로 채우기 위한 암묵적인 강요다.

우리는 캐논코리아 안산공장이 어떤 과정을 거쳐

현재의 기록적인 성과를 창출하게 되었는지 주목해야 한다.

이들이 이룬 성과 창출의 밑바탕에는 구성원을 향한 회사의 세심한 배려와,

그를 통한 구성원의 감동과 공감이 있었다.

일 저녁에는 간단하게 먹을 수 있는 햄버거와 샌드위치 메뉴도 추가되었다.

'구내식당은 밥만 먹는 곳이 아니라, 행복과 즐거움을 나누는 공간이다.'

회사 구내식당을 즐겁고 행복한 공간으로 만들자는 공감대가 형성되면서 식당을 무대로 재미있는 이벤트가 벌어지기도 한다. 그중 하나가 '추억의 도시락' 이벤트다.

여기에는 학창시절의 달그락거리는 양은도시락이 등장한다. 그리고 오늘의 도시락 반찬은 무엇일지 기대하며 도시락 뚜껑을 열었을 때, 계란 프라이가 밥 위에 얹혀 있을 때의 감동에 얼굴이 환해지던 그 시절을 그대로 재현했다.

추억의 도시락 이벤트가 있는 날에는 재미를 더하기 위해 미리 준비해둔 교복을 점심시간에 갈아입고는 식당으로 들어서는 구성원들도 있다. 그런 모습을 보면서 서로 웃고 떠들고 사진을 찍다가 도시락을 비우고 식당 밖을 나서면, 이번에는 학교 앞 문방구에서 사먹고는 했던 '불량식품'이 기다리고 있다. 쌀대롱, 쫀드기, 아폴로, 라면땅 등의 주전부리가 후식으로 준비되어 있는 것이다. 구성원들은 과거의 기억에 흠뻑 젖어 한껏 개구쟁이가 된다.

구내식당이 맛과 행복, 즐거움이 있는 공간으로 바뀌고 나자, 일부 여성 구성원들은 불만을 터뜨리기도 한다. 다이어트를 하고 싶은데, 회사의 밥이 너무 맛있어서 꼬박꼬박 챙겨먹게 되니 구내식당이 원망스럽다는 것이다. 그만큼 캐논코리아 안산공장의 구내식당은 구성원들이 찾아가고 싶은 공간으로 변화되었다.

그리고 이 사람, '식당을 지키는 남자'. 늘 12시가 땡 하는 순간 식당으로 달려간다고 해서 붙은 별명이다. 그는 메뉴가 제대로 나왔는지, 구성원들이 즐거운 표정으로 맛있게 식사를 하고 있는지 매서운 눈으로 관찰하다가 흡족하다 싶으면 어느새 구성원들 속으로 파고들어 함께 밥을 먹는다. 그러면서 갓 입사한 구성원들의 이름을 익히고 좋아하는 음식이 뭐냐고 묻기도 한다. 바로 생산본부장 김영순 전무의 이야기다.

생산은 공장이 아니라 식당에서 완성된다고 믿고 있습니다. 식당

추억의 도시락 이벤트가 있던 날, 양은도시락과 각
종 주전부리를 준비했고, 직원들은 교복 차림으로
멋을 냈다

이라는 장소에 애정을 쏟지 않을 수 없는 이유가 그것입니다.

이제는 오히려 김영순 전무가 식당에 보이지 않으면 구성원들이 궁금해 한다. 김영순 전무가 3~4일 출장을 가면 어떤 구성원들은 '밥맛 떨어지니 빨리 오라'고 문자를 보내기도 한다. 그만큼 경영진과 구성원들의 사이가 가깝다.

그런데 일부 회사에서는 해줄 것 다 해주었는데 구성원들이 따라주지 않는다며 경영진들이 볼멘소리를 하기도 한다. 이것은 왜 이럴까? 이런 회사의 경영진은 시설을 개선하고 좋은 비품을 비치하는 것을 구색 갖추기나 생색내기의 구실로 삼지 않았는지 생각해보아야 한다. 한 순간 반짝하는 선심성 친절로 사람의 마음을 사로잡을 수는 없다. 꾸준한 관심과 진심이 담겨 있지 않거나 구성원들의 더 큰 희생을 요구하는 개선은 구성원들의 실망을 불러일으킬 뿐이다. 내가 너에게 이만큼 해주었으니 너도 나에게 이만큼 해달라는 식의 계산이 깔린 개선은 구성원들도 단박에 알아차린다. 캐논코리아 안산공장에서 볼 수 있는 경영진과 구성원의 멋들어진 궁합은 경영진이 오랜 시간 구성원들에게 꾸준하게 관심과 애정을 기울인 결과물이라는 점을 깊이 생각해보아야 한다.

'개인'의 작은 낭비보다
'조직'의 큰 낭비를
경계하다

리더와 경영진은 구성원들이 진정으로 바라는 것이 무엇인지에 대해 고민해야 한다. 그리고 '관리'라는 개념의 진정한 의미에 대해서도 깊이 생각해야 한다.

작은 것에 감동하고 고마워하는 것이 사람의 본성이다. 전시행정과 공약의 공통점은 '요란하다'는 것이다. 대부분의 회사들은 변화를 시행하겠다는 캐치프레이즈를 내걸면서 새로운 제도와 시스템을 도입하고 대대적인 인사 개편을 단행한다. 어떤 기업은 구성원들을 독려한다는 차원에서 시설을 개보수하고 상벌제도를 강화하며 깜짝 놀랄 만한 복지책을 내걸기도 한다.

그런데 구성원들의 합의를 이끌어내지 않고 경영진 몇 사람의 머리에서만 탄생한 제도와 시스템은 생명력이 짧을 수밖에 없다. 회사에서는 성과 창출을 위한 변화를 시도한답시고 새로운 제도와 시스템을 도입하지만 구성원들의 호응을 이끌어낼 수 없기 때문에 경영진이 머릿속에 그렸던 변화 역시 진행되지 않는 것이 당연하다. 이렇게 되면 새로운 제도와 시스템을 도입하면서 발생한 비용을 낭비한 것만이 아니라 구성원들의 혼란을 부추기는 잘못된 결과를 초래한다. 그리고 이것을 가장 경계해야 하는데, 회사에서는 구성원들이 따라주지 않았다는 괘씸한 생각에 내걸었던 복지책 역시 철회해버린다. 그리고 새로운 제도와 시스템을 도입하느라 쓴 비용을 충당하기 위해 구성원들에게 비품 절약을 요구한다. 악순환은 여기서부터 시작되는 것이다.

구성원들은 회사에서 제시하는 재무 상태나 매출 그래프보다, 사소하지만 자신들과 밀접한 관련을 맺고 있는 물건을 통해서 회사의 상황을 피부로 느낀다. 이면지 한 장, 휴지 한 조각 때문에 회사가 어려워지는가 보다 생각하게 된다는 말이다. 그러면 구성원들은 다른 회사로 옮길 마음을 품게 된다.

"처자식 생각해서라도 다른 회사 알아봐야 하는 거 아냐?"

이런 식으로 부정적인 바이러스가 퍼지기 시작하면 상황은 건잡을 수 없는 지경으로 치닫는다. 회사 입장에서는 실제로 형편이 어려운 것이 아니라, 어려워질 때를 미리 대비한 것인데 억울한 결과가 벌어지는 것이다.

낭비를 줄이는 것은 반드시 필요한 일이다. 하지만 현명하게 낭비

캐논코리아 안산공장을 방문한 타 기업의 임직원들은
일사분란하고 에너지 넘치는 생산현장을 둘러본 뒤
김영순 전무에게 "구성원들을 저렇게 만든 노하우가 무엇이냐?"고 묻는다.
그러면 김영순 전무는 비결은 딱 하나뿐이라고 대답한다.
그 비결이란, 구성원들을 진정 아끼고 사랑하는 것이다.

를 줄여야 하는데, 대부분의 기업에서는 현장 구성원들만 들들 볶으려고 한다. 그 방법이 가장 손쉬우면서 효과가 크다고 생각하기 때문이다.

대부분의 관리자들은 회사의 낭비적인 요소를 이야기할 때 현장 위주로만 생각하고 현장 이외의 낭비에 대해서는 개념이 부족하다. 그렇게 생각하는 이유는 현장에서 작업하는 사람들이 가지고 있는 공수는 미미하지만 인원이 많아서이다. 현장에서 1인당 1초씩만 잡아도 집단으로 묶으면 천 단위, 만 단위가 넘어가므로 현장에서의 낭비를 잡는 것이 중요하다는 논리는 어떻게 생각하면 진실처럼 보인다.

하지만 사실 현장 개개인의 낭비는 별것 아니다. 오히려 낭비를 크게 줄일 수 있는 키는 경영진과 관리자들이 쥐고 있다. 얼핏 생각하면 임원과 부서장같이 상위 직책에 있는 사람들은 인원이 적어서 회사 규모 전체로 봤을 때 그들로 인한 낭비의 비중이 적다고 착각할 수도 있다. 하지만 그들은 인원이 적은 반면 한 사람이 현장 수백

명 인력이 발생시킬 수 있는 규모의 낭비를 발생시킬 수 있다. 현장 구성원들은 눈에 드러나는 생산량을 맞추기 위해 화장실도 겨우 짬을 내서 가거나 간혹 길어야 5분 정도 담배를 피우거나 커피를 마시는 형편인데, 관리자들은 미팅을 빌미로 외부 손님과 몇 시간씩 커피를 마시면서 잡담이나 하고 있다면 그것으로 인해 회사의 예산을 버리는 셈이다. 그렇게 노닥거리다가 문득 일을 좀 해야겠다는 생각이 들어 현장으로 달려가서는 괜한 구성원들을 괴롭히는 관리자가 있지는 않은지 깊이 반성해보아야 한다.

현장 구성원들이 일을 열심히 하는지 안 하는지 감시하고 직접거리고 지적하는 것이 관리가 아니다. 아랫사람들을 감독하고 통제하면서 스스로 일을 열심히 하고 있다고 착각하는 관리자의 모습에서 반드시 벗어나야 한다. busy하기만 하고 정작 관리자로서 business는 못하고 있는 것은 아닌지 생각해야 한다. 리더는 business를 해야지, busyness를 해서는 안 된다. 쓸데없는 busyness로 인해 business를 놓쳐서는 안 된다는 말이다.

많은 회사들이 생산혁신을 시도했다가 실패한다. 그리고 그보다 많은 기업들이 생산혁신 자체를 실천하지 못하고 있다. 그것은 지식이 없어서가 아니라 비생산적인 일로 매우 바쁘기 때문이다. 혹시 일부러 바쁜 척하기 위해 구성원들의 일에 간섭하고 그런 식으로 낭비를 만드는 건 아닌지, 관리자들 스스로가 돌아보아야 한다.

거듭 강조하지만 조직의 상위에 있는 사람일수록 낭비를 조심해

잔반이 없을 때는 잔반지킴이 당번을
맡은 구성원이 도장을 찍어준다.

야 한다. 스스로 일으키는 시간적·물질적 낭비만 두고 말하는 것이 아니다. 마치 변덕을 부리듯, "이것 한번 해보지 그래." 하는 형태의 이벤트성 혁신은 구성원들과 조직의 엄청난 낭비를 초래한다. 그럴 바에야 경영진과 관리자들은 입을 다물고 있는 것이 회사의 낭비 70%를 줄이는 방법이다.

캐논코리아 안산공장 역시 쓸데없는 낭비를 기업 운영 최대의 적이라고 생각한다. 그래서 다양한 방법으로 낭비를 줄일 수 있는 장치를 마련하고 있다. 그렇다고 해서 구성원들이 사용하는 비품을 싼 물건으로 대체한다든가, 구성원들에게 비품을 아끼라고 지시하거나 통제하지는 않는다. 캐논코리아 안산공장에서 실행하고 있는 낭비 절약의 한 사례를 여기에 소개할까 한다.

캐논코리아 안산공장은 구내식당을 요식업 업체에 위탁하고 있는데, 해마다 잔반으로 인한 음식물 처리 비용으로 3,200만 원이 발생했다. 여기에 아깝게 버려지는 식재료비까지 더하면 낭비 규모는 훨씬 커진다. 그래서 캐논코리아 안산공장에서는 잔반으로 인해 발생하는 음식물 처리 비용과 식재료비를 절약하기 위해 '잔반지킴이 제도'를 마련해서 시행하고 있다.

잔반지킴이 제도를 시행하기 위해 잔반의 무게를 달아서 얼마나 돈이 낭비되었는가를 알려주는 경고문이 붙어 있는 것은 아니다. 벌금을 무는 것은 더더욱 아니다. 여기에는 독특한 역발상으로 짜증스러운 일을 즐거운 일로 바꾼 참신한 아이디어가 도입되었다. 바로 아이스크림과 양말이다.

식사를 했을 때 잔반을 남기지 않고 다 먹으면 구내식당 측에서는 구성원들에게 미리 지급한 카드에 도장을 찍어준다. 도장을 7개 찍으면 고급 아이스크림을 먹을 수 있는데, 아이스크림 말고 양말을 선택할 수도 있다. 캐논코리아 안산공장 사람들은 도장 찍는 재미에 잔반을 거의 남기지 않는다. 구성원들은 아이스크림을 먹으면서 기분전환도 하고, 새 양말을 신으면서 상쾌함을 느낀다. 아이스크림과 양말은 음식물 처리 비용을 부담해야 했던 요식업 위탁업체에서 제공하고 있어 회사로서는 따로 경비가 지출되지 않는다. 캐논코리아 안산공장은 구성원들에게 즐거움을 제공하면서도 낭비 요인을 없애고 있는 것이다.

그리고 캐논코리아 안산공장은 현장에서 발생하는 낭비보다는 경영진과 관리자급에서 발생하는 낭비에 더욱 신경을 쓴다. 나 한 사람이 줄이면 현장 스무 사람에게 편의를 제공할 수 있다는 것이 캐논코리아 안산공장 관리자들의 보편적인 생각이다.

현장 구성원들의 목소리에 귀를 기울이고, 할 수 있는 것이면 어떤 것이든 먼저 배려하려는 마음이 전해지기에 캐논코리아 안산공장 사람들은 회사를 신뢰한다. 그렇기 때문에 자발적인 애사심이 싹트고 좋은 일터를 만들고자 하는 문화가 자리 잡혀 있다.

이 모든 것은 구성원을 인간적으로 존중하자는 회사의 노력에서 시작되었다. 구성원의 희생을 선결요건으로 잡아서는 결코 이런 기업문화가 싹틀 수 없다. 변화는 경영진과 관리자의 머리에서 시작되는 것이 아니라 진심으로 구성원들을 위하는 마음에서 시작된다. 청사진을 구상하고 구성원들에게 따라오라고 하기 전에 회사가 먼저 구성원들에게 신뢰를 심어주어야 한다. 회사를 향한 구성원의 신뢰는 구성원을 향한 회사의 존중에서 시작된다. 구성원들의 호응을 이끌어낼 수 없는 새로운 제도와 시스템을 도입해서 쓸데없는 곳에 비용을 쓰기 전에 구성원들의 목소리에 귀 기울이고 그들이 원하는 것을 들어주고 해결해주도록 한 번 더 노력해야 한다.

구성원들을 괴롭히면서 들들 볶다가 망하는 기업은 있어도, 구성원을 위해 노력하다가 망하는 기업은 없다.

캐논코리아 안산공장의 아침 조회 모습

PART 2

신뢰와 자율이
워크 스마트의
핵심 엔진이다

존중과 신뢰, 자율은
신바람 나는 조직을 만드는 세 개의 톱니바퀴다.

9

세계 최고가 되는 비밀은
월드컵 응원과
고스톱이 쥐고 있다

조직행동학자들은 아무리 높은 성과를 올린다 해도 조직에 속한 구성원들이 발휘할 수 있는 역량의 최대 범위가 고작 30퍼센트에 미치지 못한다고 말한다. 왜 이러한 현상이 나타나는지 원인을 분석한 학자들은 조직 내부의 통제 메커니즘을 첫 번째 요인으로 꼽았다. 성과를 높이기 위해 각종 제도와 시스템을 갖추고 고위직 간부들로 하여금 구성원들을 지시하고 통제하도록 하는 테일러리즘 Taylorism이 문제의 핵심이라는 것이다. 상사가 모든 의사결정권한을 갖고 업무실행방법을 지시하며 통제하는 조직에서는 구성원들이 수동적일 수밖에 없다. 모든 것이 상부에서 하달되는 지시에 따라 돌아가기 때문에 구성원들은 굳이 자신에게 잠재되어 있는 역량을 발휘할 필요성을 느끼지 못한다.

통제하고 감시하는 조직에서는 구성원들의 역량 계발을 보장할수 없다. 자신의 머리로 직접 생각하고 문제를 해결해나가는 훈련이되지 않은 상황에서는 앞으로 자신이 더욱 성장하기 위해 무엇을 해야 할지 전혀 구상할 수가 없기 때문이다.

현대 산업사회에서는 시장과 소비자의 숨겨진 욕구를 정확하게파악하고, 구성원들에게서 감동을 이끌어내는 무형가치를 창조하는것이 무엇보다 중요하다. 구성원들이 일을 즐거워하고 미칠 정도로열정을 다해 헌신하고 몰입할 수 있어야 한다. 그래야 고객들에게경쟁자들과는 차별화된 가치를 제공해줄 수 있는 메커니즘을 형성하게 된다.

이를 위해서는 회사가 구성원을 바라보는 시각이 '통제' 관점에서 '인간존중' 관점으로 변화해야 한다. 인간존중은 구성원들이 서로간의 신뢰와 협동을 바탕으로 불필요한 규정과 통제를 버리고 자율적으로 신바람 나게 일하는 문화를 구축하게 만드는 가장 기본적인 동력이다. 그리고 이러한 문화는 수평적이고 성과 중심의 조직을만들기 때문에 실행 권한 또한 자연스럽게 위임될 수 있다. 필자는이러한 이상적인 모습을 캐논코리아 안산공장에서 생생하게 목격할수 있었다.

월드컵을 한번 생각해보자.

월드컵은 경기 자체를 관람하는 것도 재미있지만, 다른 사람들과

더불어 응원을 펼치는 맛이 더욱 일품이다. 그래서 사람들은 자기 돈을 들여서라도 일부러 사람들이 모이는 장소를 찾아갈 만큼 월드컵 응원을 즐긴다. 비용을 들이는 것뿐만 아니라 날씨가 덥건 춥건, 날씨가 궂건 맑건, 장소가 가깝건 멀건, 기다리는 시간이 짧건 길건 간에 응원 장소로 향하는 수고를 아끼지 않는다. 그게 바로 월드컵 응원문화다.

우리나라 사람이 기억하는 가장 뜨거웠던 월드컵은 2002년 한일 월드컵일 것이다. 우리나라의 열정적인 월드컵 응원문화는 전 세계 적으로 그 유례를 보기 드물 정도였다. 아마도 한국 사람이기 때문 에 가능했던 일일 것이다.

대한민국이 4강까지 오르는 기염을 토하는 시나리오는 누구도 예상하지 못한 것이었다. 우리나라가 주최국이기는 했지만 한일월 드컵 이전까지만 해도 그저 아시아에서 축구를 좀 하는 나라 정도 로만 인식되고 있었다. 그런데 우리는 세계 축구 전문가들의 예상 을 깨고 새로운 역사를 만들어가기 시작했다. 운도 따랐고 홈그라 운드 이점도 있었지만, 무엇보다도 선수들의 기량 향상과 히딩크 의 지략 그리고 전 국민의 관심과 응원이 만들어낸 대단한 합작품 이었다.

월드컵 당시 우리 국민이 보인 뜨거운 열정을 목격하면서 김영순 전무는 생각에 잠겼다. 축구 경기는 따로 보상이 주어지지 않는데도 열심히 찾아다니면서 응원을 한다. 그런데 왜 회사에서는 월급을 주면서도 구성원들이 월드컵 때처럼 열정적으로 일하게 만들지 못하는 걸까? 왜 회사에서는 '월드컵 문화'를 볼 수 없을까?

한일월드컵의 4강 신화를 이루어낸 주인공은 대한민국 국민이다. 대한민국 사람이면 누구나 기적을 만들어낼 수 있다. 캐논코리아 안산공장 사람들도 한국 사람이다. 아직 드러나지 않았을 뿐, 분명 우리 공장 사람들에게도 폭발적인 열정이 숨겨져 있을 것이다. 캐논코리아 안산공장 사람의 숨겨진 열정을 표면 위로 올라오게 하는 방법만 찾으면 된다.

오랜 시간 고민을 거듭한 김영순 전무가 자발적인 월드컵 응원문화처럼 현장 사람들이 스스로 즐기면서 일하게 만드는 실마리를 찾은 것은 한국 사람의 대표적인 놀이문화인 고스톱에서였다. 그는 고스톱의 재미있는 점을 생산에 연결시켜 일도 고스톱처럼 재미있게 만들어보자는 생각을 했다.

우리나라에서 고스톱만큼 사랑받는 게임도 없을 것이다. 명절 모임, 상갓집, 야유회 등 사람이 모이는 곳이면 때와 장소를 막론하고 판이 벌어진다. 점당 100원으로 치면 밤새도록 쳐봐야 2~3만 원 따는 것이 고작인데도 허리가 아프고 다리가 저려도 고스톱 치는 재미에 빠져 일어설 줄을 모른다.

물론 고스톱 자체가 매우 재미있는 놀이이기는 하지만, 남녀노소

미국의 고급 백화점 체인 노드스트롬의 업무규정 제1조는 이렇다.
'어떠한 상황에서도 자신의 현명한 판단에 따라주십시오.
그 외의 규정은 없습니다.'
이 간결한 규정에는 구성원에 대한 전폭적인 신뢰가 담겨 있다.
이것이 100여 년을 이어온 고객만족의 대명사라고 불리는
미국 최고 패션 전문 백화점 기업문화의 핵심이다.

를 막론하고 사랑을 받는 가장 큰 이유를 김영순 전무는 계속 갈(go)
것이냐, 멈출(stop) 것이냐 하는 선택을 게임을 하는 당사자가 결정
할 수 있기 때문이라고 보았다. 판의 흐름을 좌지우지할 수 있는 주
도적 의사결정권이 당사자에게 주어져 있다는 것이 고스톱의 가장
큰 매력이라고 생각한 것이다.

월드컵 응원과 고스톱이 시작되려면 우선 판을 만들어야 하고 판
안에서 노는 사람들이 재미있게 즐길 수 있도록 자율성을 보장해주
어야 한다. 결과에 대한 책임은 전적으로 본인이 지는 것이지만, 이
기면 즐겁고 설사 진다고 하더라도 다음 판에 다시 잘해보겠다는 욕
심이 생긴다.

자신에게 주어진 패를 읽고 고를 할지 스톱을 할지 결정하는 놀이
문화를 생산현장에 적용하면, 다시 말해서 생산을 할 것인지, 말 것
인지 하는 의사결정권이 생산현장의 구성원들에게 주어졌을 때 과
연 어떤 결과가 나타날까?

김영순 전무는 월드컵 응원과 고스톱에서 보여준 한국인의 기질을 생산현장에 그대로 연결시켜보자는 계획을 세웠다. 운동경기와 놀이에서처럼 업무에서도 스스로 결정해서 능동적으로 움직이게 하자는 영감을 얻은 것이다.

경기가 얼마나 흥미로울지, 놀이가 얼마나 재미있을지는 결국 판을 짜고 판 안에서 노는 사람의 몫이다.

판을 짜는 것도, 노는 것도 사람이다. 결국에는 서로간의 신뢰 문제다.

10

10억 원에 대한
의사결정권한이
현장의 경쟁력이다

기업의 현장에서는 더 이상 수동적인 월급쟁이를 필요로 하지 않는다. 회사가 시키는 대로만 움직이는 구성원들로는 기업 간의 경쟁에서 이길 수 없으며, 그런 구성원은 기업 내에서도 설자리를 잃을 수밖에 없다. 이러한 사실은 필자가 굳이 지면을 낭비하며 강조하지 않아도 누구나 수긍하는 이야기다. 대부분의 기업 역시 능동적인 구성원을 필요로 한다고 말한다.

그런데도 우리나라 기업의 대부분은 아직도 구성원들을 능동적인 인재로 키우기보다는 수동적인 로봇으로 길들이려는 풍토에 젖어 있다. 알면서도 실행하지 못하는 이유는 무엇일까? 구성원들에 대한 신뢰와 존중이 없기 때문이다.

월드컵 응원처럼 신바람 나는 조직, 고스톱처럼 자율성이 보장되는 업무환경을 만들기 위해 김영순 전무는 경영진이 쥐고 있던 권한을 대폭 현장에 넘겨주어야 한다고 생각하고 이를 전격적으로 단행했다.

"최대 10억 원에 대한 의사결정권을 현장의 여러분에게 위임합니다."

과연 현장 구성원들에게 10억 원에 대한 의사결정권을 줄 수 있는 기업이 얼마나 될까? 하지만 김영순 전무는 기종장제도가 성공적으로 자리 잡았다는 평가를 내린 뒤 곧장 부품 구입과 발주에 관련한 10억 원의 권한을 현장에 넘겨주었다.

10억 원이면 엄청난 돈이다. 굳이 제조현장에 10억 원에 대한 권한을 주어야 하는지 의아할 수도 있을 것이다. 그리고 과연 현장에서 10억 원이라는 돈을 제대로 사용할 수 있을지, 사고가 발생하는 것은 아닌지 갖가지 걱정이 앞서기도 할 것이다. 그런데 김영순 전무가 현장의 담당자에게 10억 원의 결재권을 준 것은 구성원들의 자율성을 보장한다는 측면도 있었지만, 거기에 더해서 업무를 경제적이고 신속하게 진행하자는 전략도 숨겨져 있었다.

만약 1대당 원가가 10만 원 하는 제품을 1만 대 주문하는 요청이 들어왔다고 가정해보자. 1만 대 생산하는 데 필요한 예산이 10억 원이다. 당장 10억 원이라는 큰돈이 든다고 해서 주문을 거절할 것인가. 아니다. 무조건 제품을 생산해야 한다. 신속하게 질 좋은 제품을 생산해서 고객에게 넘겨주어야 한다.

통제와 관리 중심의 경영은 구성원들의 창의성을 가로막고,
필요 이상으로 결재 라인을 다층화해서 의사결정을 지연시킬 수 있다.
그렇다고 해서 기업을 경영하는 입장에서
무조건 구성원들의 자율에 맡기는 경영을 할 수는 없는 노릇이다.
하지만 캐논코리아 안산공장이 이룬 성과의 바탕에
무엇이 있는지 살펴보아야 한다.
그리고 그 기틀을 세운 주체가 누구였는지도 생각해보아야 한다.

그런데 문제는 10억 원을 결재 받는 과정이다. 계장이 결재하고, 과장, 부장, 임원, 사장이 차례로 결재를 하게 된다. 결재 권한을 가진 직급의 관리자를 찾아가면서 형식적인 절차를 지키는 것을 당연하게 여긴다. 그런데 누가 결재를 하든 10억 원이라는 예산에는 변동이 없다.

제품 요청기일이 한 달 뒤라면 각 단계를 거쳐 최고책임자까지 결재를 받느라 며칠을 소비하고 남은 기간 동안 제조부서에서는 부랴부랴 제품을 생산해내야 한다. 그렇게 의사결정을 하는 데 많은 시간을 낭비하고 뒤늦게 쫓겨서 제품을 생산하다 보니 불량률이 높아지기도 한다. 이 책을 읽는 독자들로서는 쉽게 납득이 가지 않는 상황이겠지만, 기업체의 제조현장에서 이런 일은 비일비재하다. 권한이 없어서 의사결정을 받느라 시간을 지체하는 것만큼 낭비가 없는데도 우리나라 대부분의 조직은 이러한 의사결정 지연을 낭비라고

생각하지 않는다. 의사결정이 조금 늦어지더라도 현장 사람들을 닦달해서 기일을 맞추면 된다고만 생각한다. 하지만 로봇이 아닌 이상 야근과 철야를 밥 먹듯이 하는 현장에서 제품의 품질을 어떻게 보장할 수 있겠는가.

제조와 관련된 예산 결재 권한을 현장에 넘겨주면 많은 장점을 누릴 수 있는데도 대부분의 기업은 이를 실행하지 못한다. 이유는 예산을 '돈'이라는 개념으로 접근하기 때문이다.

김영순 전무는 10억 원이라는 예산을 돈으로 생각하지 않았다. 제조현장에서의 10억 원은 제품 1만 대를 생산하기 위한 '수단'일 뿐이다. 제품을 생산하는 개수로 접근하면 현장에 권한을 위임할 수 있는데도 돈과 결부시키니까 관리하고 통제하려고 한다는 것이 김영순 전무의 생각이다. 한국은행에서 통화를 담당하는 사람이 일을 하는 동안에는 돈을 돈으로 대하는 것이 아니라 물건을 대하듯 하는 것처럼 제조현장에서의 10억 원은 단지 제품 1만 대를 생산하는 데 필요한 재료인 것이다.

김영순 전무는 말한다.

"생산계획이 어떻게 되는지, 수량을 어떻게 해야 재고가 발생하지 않는지, 긴급 부품은 무엇인지 등의 상황을 현장에서 예측하고 계획해서 부품 발주를 할 수 있도록 책임과 권한을 현장에 주어야 합니다."

자율성의 밑바탕에는 신뢰가 깔려 있다. 존중과 신뢰, 자율은 신

여자 화장실에 설치된 칫솔 선반. 구성원들의 아기자기한 일상을 엿볼 수 있다.

캐논코리아 안산공장의 화장실에는 모든 변기에 비데가 설치되어 있고, 실내 환경이 대단히 쾌적하다. 그렇다고 해서 화장실에서 오랜 시간 죽치고 있는 구성원은 없다. 열심히 일을 해야 한다는 마음가짐이 문화로 자리 잡고 있기 때문이다.

바람 나는 조직을 만드는 세 개의 톱니바퀴인 것이다.

조직에서 근무하는 구성원들은 제각각 담당하는 업무의 경중이 다르고 책임져야 할 내용 역시 다를 수 있지만, 최소한 자신이 맡은 분야에서만큼은 Self CEO요, 영업대표요, 1인 기업이라는 생각으로 일해야 한다. 구성원들이 수동적으로 행동하게 되면 회사의 성장 가능성은 순식간에 무너지고 만다. 그런데 통제와 감시의 시스템을 가지고서 구성원들에게 자율성과 주인의식을 요구한다는 것은 이치에 맞지 않는다. 구성원들에게 CEO 마인드를 심어주기 위해서는 회사가 먼저 존중을 바탕으로 한 신뢰를 가져야 하고, 신뢰를 바탕으로 한 자율성이 보장되어야 한다.

구성원은 '물'이다. 어디에 담느냐가 중요하다. 바가지에 담느냐, 양동이에 담느냐에 따라 물의 형태가 달라지듯, 구성원들 역시 회사가 어떤 시스템과 메커니즘으로 수용하느냐에 따라 그들의 역할과 역량이 달라진다. 캐논코리아 안산공장을 보면 이러한 사실을 제대로 알 수 있다.

혁명과 변화를 시도했던 초기에는 캐논코리아 안산공장 사람들도 회사에서 추진하려는 일에 반대하기도 하고 때로는 무력으로 회사의 정책을 막으려고 하기도 했다. 하지만 지금은 상황이 완전히 달라졌다. 본인들이 위에서 하달되는 명령에 따라 움직이는 것이 아니라, 스스로 책임감과 의지를 갖고 임하기만 하면 충분히 자신의 역량을 발휘하면서 보람을 느낄 수 있기 때문이다. 회사에서 자신들을 배려하는 모습을 직접 보고 느끼면서 구성원들은 이기적인 생각보다는 고객과 회사를 위한다는 마인드가 강화되었다. 구성원들을 위한 세심한 배려가 서로를 감동시키고 그들을 가족처럼 끈끈하게 이어주고 있는 것이다.

바가지에 있는 물이 새면 물을 탓해야 할까, 바가지 탓을 해야 할까? 구성원들이 잘못했다고 벌을 내리기 전에 한 번 더 생각해야 한다. 회사에 출근을 하면서 놀려고 작정하는 사람은 없다. 모두들 열심히 일하기 위해 회사로 향하지만, 자재가 모자라거나 부품이 불량이어서 작업을 할 수 없게 되는 경우도 있다. 이것은 구성원들을 탓한다고 해서 해결될 문제가 아니다. 그것은 물을 담는 용기, 즉 회사 시스템의 문제다.

현재의 캐논코리아 안산공장을 만든 것은 제도나 시스템이 아니라 사람이다. 그리고 그 이면에는 존중과 신뢰, 자율이라는 기업문화가 자리 잡고 있다.

조직에 속한 구성원이 최대한 발휘할 수 있는 역량의 범위가 30퍼센트밖에 되지 않는다는 일반적인 통계가 캐논코리아 안산공장에는 적용되지 않는다. 진정한 존중과 신뢰, 자율은 구성원들의 잠자고 있는 역량 70퍼센트를 발휘하게 만든다. 구성원들을 어떻게 대하느냐에 따라 결과가 확연히 다르게 나타나는 것이다.

캐논코리아 안산공장에서는 구성원들이야말로 진정으로 존경받아야 할 사람들이라고 대접해준다. 그 마음이 겉만 번지르르한 가식이 아니라, 진심이기 때문에 구성원들도 따라오는 것이다. 그 점이 다른 회사와 캐논코리아 안산공장의 다른 점이다.

구성원들과 제대로
동업하기 위해
가장 먼저 마음을 얻다

아침부터 공장에서 여사원 두 명이 언성을 높이며 옥신각신하는 소리가 들렸다.

"너, 정신이 있어? 빨아서 쓰면 얼마든지 쓸 수 있는데, 왜 장갑을 또 달라는 거야?"

"그깟 장갑이 얼마나 한다고 그래요?"

캐논코리아 안산공장에서는 한 달 근무 일수인 20일에 맞추어 장갑을 1인당 10켤레로 배정하고, 그것을 선임사원이 캐비닛에 넣어 관리하는 방법으로 운영하고 있다. 그래서 선임사원은 자기네 팀의 인원수에 맞게 장갑을 캐비닛에 보관하고 있다가 새 장갑이 필요한 사람이 생기면 심사를 해서 한 짝씩 나누어주었다. 공장에서 공식적인 지침으로 그렇게 장갑을 관리하라고 지시한 적은 없지만, 현장에서 스스로 규정을 만들어 그런 형태로 운영하고 있었다. 그 사건이 있었던 날은 신참사원이 장갑을 새로 달라고 했지만, 선임사원이 보기에는 하루 정도 더 쓸 수 있을 것 같아 쓰던 것을 다시 사용하라고 하면서 충돌이 생긴 것이었다.

그 일이 있은 직후 회의가 소집되었다.

"현장에서 사용하는 장갑이 관리대상입니까, 아닙니까?"

관리직급에 있는 구성원들 대부분은 장갑이 회사의 자산이므로 당연히 관리를 해야 한다고 주장했다. 현장에서 쓰는 장갑에 들어가는 비용만 해도 한 달에 수백만 원이 소요되기 때문이다. 관리를 해야 헤프게 쓰거나 구성원들이 장갑을 집에 가져가는 경우를 미리 막을 수 있고, 더 쓸 수 있는 장갑은 한 번이라도 더 써서 비용을 절약할 수 있다. 아껴 쓸 수 있는 물건은 최대한 아껴야 한다는 것은 기본 상식이다.

그런데 김영순 전무의 생각은 달랐다.

"근무 일수를 고려해서 장갑은 매월 한 사람에게 10켤레로 배정됩니다. 그 10켤레의 장갑은 받은 사람의 몫이고 당연히 관리의 책임도 그 사람에게 있습니다. 구성원들을 위해 제공한 장갑의 개수를 줄이는 것이 회사의 역할은 아니라고 생각합니다. 1년 365일을 지내다 보면 이사를 할 때도 생기고 이웃집에서 집수리를 할 때도 장갑이 필요할 겁니다. 이래저래 장갑이 필요해서 가끔은 집에 가져가는 사람도 물론 있을 겁니다. 하지만 그걸 통제하고 관리할 시간에 다

캐논코리아 안산공장 사원 교육실

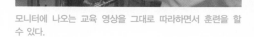

모니터에 나오는 교육 영상을 그대로 따라하면서 훈련을 할
수 있다.

른 생산적인 일을 하는 게 더 바람직하지 않겠습니까? 무엇보다도 저는 우리 회사 사람들이 장갑 가지고 장난 칠 수준은 아니라고 봅니다."

김영순 전무는 현장에서 사용하는 장갑을 관리대상이 아니라고 정리했다. 가장 큰 이유는 함께 일하는 구성원들을 믿기 때문이었다. 구성원들을 감시하고 통제할 시간에 차라리 더 생산적이고 가치 있는 일을 하기를 원했다.

그리고 캐논코리아 안산공장의 생산현장 구성원의 절대다수가 여자다. 여자는 더운 여름날 윗옷 훌훌 벗어던지고 등목을 할 수도 없고, 여자이기 때문에 매달 겪어야 하는 고통도 겪는다. 게다가 집에서는 아내로서, 엄마로서, 며느리로서 해내야 하는 역할이 있기 때문에 에너지가 쉽게 고갈되기도 한다. 이런저런 이유로 어떤 날은 컨디션이 안 좋고 기분도 엉망이어서 출근하기가 싫지만, 상사한테 싫은 소리 듣거나 다른 동료들 눈치 보여서 어쩔 수 없이 출근하는 사람들도 있다. 그런 날에는 열 손가락에 깨끗한 새 장갑이라도 끼면서 기분전환을 할 수 있는데, 그런 개인적인 상황을 알지 못하고서 왜 장갑을 재활용하지 않느냐고 혼을 내면 조직의 전체 분위기가 깨지고 만다.

예전에 우리나라에는 창고지기라는 직책이 있었다. 지금은 거의 사라지고 없지만, 불과 10여 년 전만 해도 회사의 자산을 지킨다는 막중한 임무를 띤 창고지기들이 창고 문을 잠근 채 지키고 있었다.

1980년대 중반, 일본 캐논과 합작을 시작할 당시의 일이다. 일본의 생산현장을 방문해서 견학을 하던 중에 김영순 전무로서는 쉽게 납득이 가지 않는 광경을 목격했다. 회사의 중요 비품과 기자재를 보관하고 있는 창고에 열쇠가 채워져 있지 않을 뿐만 아니라 창고를 지키는 사람도 없었던 것이다. 회사의 중요 자산을 보관하는 곳임에도 창고 주변을 맴도는 무거운 경계심을 전혀 느낄 수 없었고, 현장 직원들은 어떤 통제도 받지 않고 자유롭게 창고를 들락날락하고 있었다.

갖가지 의구심과 궁금증이 생긴 김영순 전무가 일본 직원에게 물었다.

"저기가 창고 맞습니까? 사람들이 저기에 있는 물건을 죄다 가져가버리면 어쩌려고 저렇게 관리를 안 하는 겁니까?"

그런데 일본인 직원으로부터 돌아온 대답은 뜻밖이었다.

"바쁘게 일하면 저기에 있는 물건을 가져가려는 생각을 할 시간조차 없을 겁니다. 그리고 창고에 누가 왔는지 일일이 체크하고 도둑을 감시하는 데 들어가는 관리인의 인건비가 1,000만 원이라고 할 때, 900만 원어치만 잃어버리면 오히려 100만 원이 이익 아니겠습니까?"

산술적으로 생각하면 틀린 말은 아니지만, 충분히 지킬 수 있는 회사의 자산을 감시비용을 줄이기 위해 훔쳐갈 여지를 둔다는 것이 회사가 마음에 드는데 떠나려는 구성원은 없다.

불만이 있기 때문에 주인의식을 갖지 못하고 다른 곳을 찾아 떠나는 것이다.

때문에 기업을 운영하는 경영진과 관리자들은

구성원들을 먼저 사로잡아야 한다. 그렇게 했을 때 성과는 저절로 따라온다.

왠지 찜찜했다.

하지만 며칠이 지나지 않아 김영순 전무는 생각을 고쳐먹었다. 990만 원어치를 잃어버리더라도 인건비 1,000만 원이 들어가지 않으면 10만 원이 남는 장사다. 하지만 그것보다 값진 것이 있다. 내가 너를, 그리고 사람을 믿는다는 신뢰감이다! 구성원 각자가 입 밖으로 꺼내어 말을 하지 않더라도 그 마음만은 오롯이 전해지기 마련이다. 회사의 리더로서 자신이 해야 할 일은 창고를 지키는 인건비 이상의 손실이 생기지 않도록 구성원 각자에게 책임감을 심어주는 것이다.

김영순 전무는 한국으로 돌아오는 비행기 안에서 캐논코리아 안산공장의 미래를 그렸다. 보수적이고 건조하며 딱딱한 공장을 서로가 믿으며 일할 수 있는 공간으로 탈바꿈시키겠다는 새로운 목표를 가슴에 품었다.

조직에는 조직체계에 따른 직급이 있고, 각 직급에 따른 권한이 주어진다. 그런데 극단적으로 과장이나 대리, 사원에게 주어진 권한을 몽땅 잘못 사용하는 일이 발생했다고 해서 회사가 망가지지는 않는다.

국내 유명 은행기관의 한 직원이 횡령을 하고 사기를 쳐서 몇 억 원씩 손해가 발생했다는 뉴스를 심심찮게 접한다. 하지만 그런 사건이 발생했다고 해서 그 은행이 문을 닫는 것은 아니다. 구멍이 생기면 메우면 된다. 그 한 사람이 생길지도 모른다는 이유 때문에 감시하고 견제하고 의심하면서 나머지 100명의 구성원을 통제하면 조직이 발전할 수 없다.

일반적으로 많은 기업들은 윗선에서 원가절감을 하라는 지시가 내려오면 대개의 관리부서에서는 각 팀의 회식 횟수를 체크하고 사원복지 사항을 줄이고 심지어 현장에서 쓰는 장갑이나 화장실의 비누, 휴지부터 관리하려고 한다. 왜냐하면 소모품을 통제하는 것이 가장 쉽기 때문이다. 하지만 그것은 쓸데없는 관리다. 그러는 동안에 사람의 마음을 잃고 만다. 원가 절감, 비용 절약은 회사를 경영하는 입장에서는 대단히 중요하다. 하지만 그보다는 사람을 믿고 풍요로운 분위기를 만드는 것이 더욱 중요하다.

창고지기를 두면서 같은 회사에서 일하는 동료를 도둑이나 죄인 취급하는 눈초리로 감시하도록 해서 매달 인건비를 지출하는 것보다는 그러한 비용을 다른 건설적인 일에 쓰는 것이 옳다. 회사의 자산을 관리한다는 이유로 비품과 물건을 지나치게 관리하는 것에 초점을 맞추다 보면 오히려 중요한 것을 잃는다.

기업은 항상 위기에 직면한다. 사실 지난해보다 더 높은 성과를 이룩하겠다는 것 자체가 일종의 위기상황이다. 정작 중요한 것은 이러한 위기상황을 어떠한 자세로 받아들이느냐 하는 문제다. 위기상황을 받아들이는 관점의 차이는 구성원들의 창의적인 마인드, 회사와 구성원들의 파트너십에 기인한다.

2009년 세계금융 위기가 닥쳤을 때, 캐논코리아 안산공장 역시 주문량이 일시적으로 감소하면서 위기를 맞았다. 다른 회사의 공장들은 문을 닫을지 모른다는 불안 속에 비품 단속부터 시작했다. 하지만 캐논코리아 안산공장은 한결같은 복지책을 유지했다. 그리고 오히려 일시적으로 일감이 줄어들면서 임원들과 현장 구성원들이 이야기를 나눌 수 있는 시간이 늘어나고 함께 식사할 기회가 많아진 덕분에 경제위기가 와서 좋다고들 말했다고 한다. 캐논 중국 기지는 생산이 반으로 줄어들어 감원을 단행한다는 말이 나돌았지만, 캐논코리아 안산공장은 끄떡없었다. 당장 매출 그래프가 하락할지도 모르는 상황에서 어떻게 그런 여유를 가질 수 있었는지 쉬 이해하기 어려울 정도다.

그리고 경제가 서서히 회복되면서 일시적으로 감소했던 주문 물량이 나중에 한꺼번에 쏟아져 들어왔지만, 캐논코리아 안산공장 구성원들은 똘똘 뭉쳐서 그 물량을 전부 소화해냈다. 더욱 놀라운 일은, 경제위기 하에서도 캐논코리아 안산공장의 실적은 캐논 사상 최초로 증수, 증이익이 동시에 나올 뻔했다는 사실이다. 아쉽게도 증이익은 실현했는데, 증수를 달성하지는 못했다.

　2008년 공장의 2층 생산라인에 화재가 발생했을 때도 징계와 문책보다는 구성원들을 독려하고 응원했던 곳이 바로 캐논코리아 안산공장이다. 구성원들을 전적으로 존중하고 신뢰하는 회사와, 그런 회사를 믿고 따르는 구성원들이라는 궁합보다 뛰어난 성장 동력은 없다. 캐논코리아 안산공장은 구성원들의 마음을 얻었기에 위기상황에서도 서로를 믿고 의지하면서 위기를 돌파하여 멋진 결과를 만들어냈다.

12
Chapter

조직의 경계선을 허물어야
진정한 역량을
확인할 수 있다

캐논코리아 안산공장에서 산업화시대를 대표하는 컨베이어벨트 시스템으로 제품을 생산하기 시작한 것은 1987년이었다. 당시에는 일본 캐논과 기술도입 계약을 체결하고 원천기술의 국산화를 위해 앞만 보고 내달렸다.

그렇게 10여 년이 지난 1990년대 중반에 이르자 기술력은 어느 정도 수준에 도달했다. 하지만 이상하게도 생산성이 현저하게 떨어지기 시작했다. 설상가상으로 창고에 재고량은 늘어나고 막대한 설비 투자 부담까지 가중되면서 공장 운영이 큰 위기에 직면했다.

이러한 시기에 제조부장을 맡은 김영순 전무는 근본적인 대책이 필요하다고 판단하고 관리부서와 현장의 구성원들을 대상으로 소통을 시작했다. 이를 통해서 김영순 전무가 확인한 문제점은 크게 두

가지였다.

첫 번째 문제점은 단순작업을 반복하는 현장 구성원들이 업무를 통해 얻는 보람과 성취감이 크게 낮다는 것이었다. 이것은 캐논코리아 안산공장만의 문제가 아니라, 생산라인에서 일부 영역만을 맡아서 단순한 작업을 반복적으로 수행할 수밖에 없는 컨베이어벨트 시스템이 안고 있는 근본적인 문제였다.

두 번째 문제점은 판매와 생산을 적절하게 맞출 수 없어 항상 재고를 안고 가야 한다는 것이었다. 공장의 작업공간이 한정되어 있기 때문에 갑자기 주문 물량이 늘어나도 컨베이어벨트를 새롭게 설치할 수가 없다. 그러다 보니 주문 물량이 늘어날 때를 대비해서 미리 제품을 만들어놓는 방법을 썼는데, 재고를 관리하는 비용이 만만치 않았다.

총체적인 난국이었다. 현장 구성원들이 업무만족도가 낮은 상태에서 지속적으로 물건을 만들어내다 보니 생산성과 품질 모두에서 문제가 발생했고, 관리부서는 관리부서대로 재고량을 조절하지 못해 관리 비용만 계속 누적되고 있었다.

구성원들의 업무만족도를 높이고 판매량과 주문량이 변동될 때마다 신속하고 원활하게 대응할 수 있는 새로운 운영 시스템을 도입하는 것이 급선무였다. 문제점을 확인하기는 했지만, 이를 어떻게 개선할 수 있을지 해결책은 쉽게 떠오르지 않았다. 다만 한 가지 확실한 것은 기존의 컨베이어벨트 생산 시스템으로는 이 두 가지 문제를

캐논코리아 안산공장이 컨베이어벨트를 해체하고
셀 시스템을 도입하면서 구성원들은 '공장 노동자'에서
'장인'으로 변화하기 시작했다.
구성원들은 업무의 폭이 확대되고 책임이 커지면서
일의 강도가 높아지는 결과를 가져왔음에도
스스로 성장하고 있다는 사실에 보람과 기쁨을 느끼면서
예전보다 더욱 활력을 갖게 되었다.

결코 해결할 수 없다는 사실이었다.

먼저 현장의 구성원들이 일하는 즐거움을 되찾게 해야 한다. 하나의 컨베이어벨트 라인에 스무 명의 인력이 동원되어 제각각 분할된 공정만을 담당하는 방식으로는 제품에 대한 자부심을 가질 수가 없다. 이제 우리 공장 구성원들은 '단순 노무자'에서 '전문기술자'로 거듭나야 한다.

이렇게 해서 채택하기로 한 것이 셀(Cell) 생산방식이다.

셀 생산방식이란, 한 사람 또는 소수의 사람이 제품 생산의 첫 공정부터 최종 공정까지 담당하여 완제품을 만들어내는 것을 말한다. 이를 위해서는 작업을 하는 근로자가 숙련 작업자가 되어야 한다.

그런데 캐논코리아 안산공장의 생산 시스템을 셀 생산방식으로 전환하겠다고 표방한 뒤 기존의 컨베이어벨트를 해체하는 과정에서 김영순 전무는 엄청난 반발에 부딪쳤다. 기존의 생산설비를 뜯어내고 셀 생산방식에 맞는 새로운 생산설비를 갖추고 현장의 구성원들을 숙련 기술자로 교육시키기 위해서 적지 않은 투자를 해야 하는 경영진은 물론이고 현장의 구성원들 역시 셀 생산방식을 강력히 반대하고 나섰다.

컨베이어벨트에서 작업을 할 때는 자기가 맡은 공정만 처리하면 되기 때문에 일의 만족도는 떨어지더라도 별다른 기술 없이도 작업을 진행할 수가 있다. 주어진 작업량만 채우면 문제 될 것도 없다. 작업이 단순한 만큼 책임질 일도 없다. 그런데 회사에서 셀 생산방식을 채택하겠다고 하니, 현장 구성원들로서는 마른하늘에 날벼락이 떨어진 격이었다. 김영순 전무로서도 현장 구성원들의 반발을 이해할 수 있었다. 일정한 공정의 작업만 진행하던 사람에게 갑자기 완제품을 통째로 만들라고 하니, 그들로서는 당황하지 않을 수 없었을 것이다.

김영순 전무는 가장 반발이 심한 구성원 그룹에서 간부사원 4명을 선발하여 일본 캐논 공장에 보내 셀 생산의 개념을 이해시키는 한편, 기존 라인의 한 귀퉁이에 시범 셀 라인을 설치했다. 그리고 1998년 12월부터 드디어 셀 생산방식을 본격적으로 시행했다.

이후에 벌어진 일들은, 제품을 직접 만드는 현장 구성원들은 물론이고 셀 생산방식을 도입하는 데 소극적이었던 간부들조차 전혀 예

컨베이어벨트 생산 시스템을
가동하던 당시의 모습

현재의 셀 생산라인

상하지 못한 것이었다. 디지털 복사기의 수출 물량이 1년 전과 비교해 5배 가까이 늘었다. 그만큼 제품의 질이 개선되었다는 증거였다. 1인당 생산량은 1997년 대비 24퍼센트 증가했고, 불량률은 기존 수치에서 10분의 1로 떨어졌다. 기존의 컨베이어벨트 시스템으로 제품을 생산할 때는 월 최대 생산량이 2,000대였는데, 셀 생산방식으로 바꾼 뒤로는 기하급수적으로 늘어나는 주문 물량에도 즉각적으로 대응할 수가 있었다. 공장의 부지를 넓힌 것도 아니고 인원이 크게 늘어난 것도 아니었다. 공정의 일부분만 맡아서 단순작업을 진행하다가 한 사람이 완제품을 만드는 형태로 생산방식을 변화한 것만으로도 이와 같은 성과가 나타난 것이다.

현장 구성원들을 대상으로 실시한 업무만족도 조사에서도 눈에 띄는 결과들이 나타났다. 성취감은 45퍼센트 증가했고, 보람도는 40퍼센트, 책임감은 30퍼센트 증가한 것이었다. 굳이 이러한 정량적 수치를 따지지 않더라도 캐논코리아 안산공장은 분명히 달라져 있었다. 그러한 사실은 매일 똑같이 반복되는 단순하고 지루한 작업으로 의욕을 상실해가던 현장 구성원들의 표정에서 가장 먼저 드러났다. 셀 생산방식을 도입하기 전에는 "앞으로 일이 더 힘들어지겠다."며 불평을 쏟아냈던 구성원들도 본인들이 직접 컨베이어벨트를 해체하고 새로운 생산방식으로 작업을 하고 난 뒤에는 일하는 보람과 책임감이 생기며 현장도 더욱 활기차게 돌아간다는 긍정적인 반응을 보였다.

그렇다고 해서 캐논코리아 안산공장이 셀 생산방식을 채택한 뒤 탄탄대로를 달린 것만은 아니었다. 변화에는 고통이 따르기 마련이다. 셀 생산방식으로 생산 시스템을 바꾸고 2년이 지나자 캐논코리아 안산공장에도 성장통이 찾아왔다. 가장 크게 문제가 제기된 것은 생산과 관리의 괴리였다.

　셀 생산방식으로 바뀐 뒤 생산부서에서는 미국에서 주문이 오면 미국 제품을 담당하는 셀에서 제품을 만들고 유럽에서 주문이 오면 유럽 제품을 담당하는 셀에서 제품을 만들며, 각 기종별로 각각의 셀팀이 제품을 생산하는 시스템으로 작업을 진행했다. 그런데 생산부서가 셀 시스템으로 혁신되면서 자율적인 생산체제를 갖추게 된 반면, 지원부서는 컨베이어벨트 시스템 그대로 발주를 하고 생산 지시를 하다 보니 생산현장과 괴리가 생기기 시작한 것이다.

　관리하는 입장에서 보면 컨베이어벨트 시스템이 훨씬 편리하다. 캐논코리아 안산공장의 관리부서 역시 예전에는 컨베이어벨트 라인 하나를 가지고 살림을 잘해서 어떻게 제품을 더 빨리 만들 것인가만 고민하면 되었지만, 셀 시스템에서는 10개의 셀을 다 따로 관리를 해야 하니 그만큼 힘들어진 것이었다. 사람의 신체에 비유하면 머리와 손발이 따로 노는 격이었다.

　생산현장에서는 셀 방식으로 작업을 하는 반면 관리자와 지원부서의 사고방식과 일하는 방식은 컨베이어벨트를 고수하면서 발생하는 혼란을 풀어야만 했다. 하나둘 문제가 불거지자 일부 구성원들은

"과거의 컨베이어벨트 방식이 더 좋은 것 아니냐"는 의견을 피력하고, 또 일부 구성원들은 "우리 공장은 셀 방식이 맞다"고 맞서면서 갑론을박이 계속되었다. 회사에서도 더 이상 지켜보고만 있을 수는 없었다. 혼란이 더욱 가중되기 전에 앞으로 어떻게 작업을 진행해야 할지에 대한 결론을 내려야 했다.

하지만 김영순 전무는 생산과 관리의 작업방식 차이에서 오는 괴리와 운영상의 문제점을 해결하기에 앞서 각 구성원들이 먼저 생산과 관리를 분리하는 이분법적 사고에서 벗어나야 한다고 생각했다. 구성원들이 '생산은 생산, 관리는 관리'라는 생각을 갖고 있는 한 어떤 선진적인 시스템을 도입한다 해도 각 부서 간의 충돌은 필연적일 수밖에 없기 때문이다. 이러한 문제를 해결해야만 회사의 장기적인 발전과 지속가능한 경영을 꾀할 수 있다. 이를 위해서 캐논코리아 안산공장은 먼저 생산부서와 지원부서, 관리부서 구성원들의 마인드 변화를 유도해야 했다.

올바른 성과경영을 위해 가장 먼저 혁신되어야 할 곳이 경영자원을 관리하는 내부의 지원부서와 리더다.

지원부서는 이름 그대로 조직의 구성원들에게 최적의 자원을 제공하고 수시로 필요사항을 체크하는 곳이다. 그런데 대부분의 지원부서 구성원들은 조직의 미션을 수행하고 있는 생산부서를 감시하고 통제하는 일을 자신들이 해야 할 아주 중요한 일로 여기는 그릇

> 관리부서와 지원부서는 제품의 생산과 품질을 책임지고 있는
> 생산부서의 구성원들을 고객으로 대해야 한다.
> 이런 마인드를 가질 때, '관리'는 통제와 지시가 아니라
> '서비스'로 변화할 수 있다.

된 생각을 가지고 있다.

지원부서 구성원은 소위 '윗사람들'이라고 하는 경영진을 대변해서 현장 구성원들을 통제하고 지시하고 검사하는 역할을 수행하면서 자신의 일에 충실하고 있다는 착각을 해서는 안 된다. 지원부서의 존재 목적 중 최우선순위는 어디까지나 생산부서가 수익창출을 할 수 있도록 서비스를 하는 것이다. 따라서 지원부서는 수익창출의 핵심적인 역할을 수행하고 있는 생산부서 구성원들을 대상으로 '고객만족'을 실행해야 한다. 경영자원에 관한 전문지식을 쌓아서 생산부서의 생산성과 효율성을 높이기 위해 현장을 진단하고 문제점을 개선해주는 컨설팅 조직으로 변해야 하는 것이다.

생산과 관리, 지원이 조화를 이루기 위해서는 생산부서 역시 관리부서와 지원부서의 역량을 인정해주어야 한다. 현장에서 제품을 만드는 생산부서는 당장의 성과에 집중해야 하는 만큼 지원부서가 한 발짝 물러나서 조직이 나아가야 할 모습을 중장기적 관점에서 기획하고 바라보는 것이 균형적일 수 있다. 현장에 몰입되어 있다 보면 지나치게 근시안적이거나 단기적으로만 판단할 수 있는 한계점을

지닐 수 있기 때문이다.

따라서 생산부서의 시각을 교정해주고 균형적으로 바라볼 수 있도록 지원부서와 리더는 전문지식을 갖추고 사업에 대한 균형적인 감각과 전략적인 판단으로 조직을 리드해가야 한다. 또한 현업에서 조직의 성과를 최대한 달성할 수 있도록 촉각을 곤두세워 수시로 상황을 객관적으로 폭넓게 모색해야 한다.

생산 시스템을 변화시키면서 일련의 성공을 거둔 뒤 캐논코리아 안산공장은 다시 한 번 변화의 물결에 직면했다. 그것은 컨베이어벨트를 해체하고 셀 생산방식을 채택하면서 생산현장을 사람 중심의 현장으로 바꾼 것보다 더 큰 도전이었다.

캐논코리아 안산공장이 앞으로 해야 할 일에 비하면, 체제와 제도를 재정비하고 생산라인을 개선하는 것은 오히려 쉬운 일일 수도 있었다. 구성원들의 머리와 마음속에 오랫동안 각인되어온 부서 간의 이기주의와 업무 장벽을 무너뜨림으로써 체질 개선에 들어가야 했기 때문이다. 하지만 캐논코리아 안산공장의 미래를 위해서 이것은 반드시 넘어야 할 산이었다.

13

Chapter

불신과 질투는
핑계 없는
공장의 최대 적이다

과거에는 수요가 공급을 앞섰기 때문에 제품에 어느 정도 하자가 있다 하더라도 시장에 내놓기만 하면 쉽게 팔렸다. 당시 생산현장의 최대 관심사는 제품의 질을 보장하는 '정확성'보다는 얼마나 많이 만들어내느냐 하는 '생산성'이었다. 제품의 생산량은 구성원들의 근무 시간에 비례하기 때문에 신입사원을 채용할 때도 '성실성'이 가장 중요한 평가기준이 되었다.

그러나 공급과 수요의 관계가 역전되면서 많은 것이 달라졌다. 산업화시대처럼 제품을 무조건적으로 찍어내는 공장은 오히려 부실경영으로 문을 닫을 수밖에 없다. 게다가 인터넷 기술이 발달하고 네트워크 환경이 생활 깊숙이 침투하면서 고객은 여러 브랜드의 제품을 비교해가면서 물건을 구입한다. 이제는 '양'이 아니라 '질'로 고객들에게 인정받아야만 시장에서 통하는 시대가 된 것이다. 따라서 생산현장에는 제대로 만든 제품을 시장에 내보내기 위해 내부적으로 엄격하게 관리해줄 조직이 필요했다. 이렇게 해서 만들어진 조직이 검사과다. 검사과의 주요 역할은 공장으로 들어오는 원자재에 문제가 있지 않은지, 생산라인에서 사용할 부품에 결함이 있지는 않은지 감독하는 것이다.

캐논코리아 안산공장에 생산과 직접적으로 연관된 부서는 검사과와 자재과, 제조과, 이렇게 3개 부서가 있었다. 자재과에서 구매한 제품을 검사과에서 검사를 마치고 나면 제조과에서는 오로지 제품 생산에만 몰두하면 되었다. 각 과에서 해야 할 일을 단순화시켜서 집중도를 높인 것이다.

그런데 각 과의 역할을 분업화시킨 뒤로, 자재과는 부품 조달만 수행하고 검사과는 품질에만 무게를 두고 제조과는 생산에만 몰두하면서 조직 간에 벽이 생기기 시작했다. 회사 전체의 비전과 목표를 실현하기 위해 서로 보완해주기보다는 다른 과의 업무 요청을 무시하거나 대충 처리하는 경우가 빈번해지고, 원자재 공급과 검사, 제조가 원활하게 돌아가지 않으면서 업무가 마비되거나 효율적으로 업무를 진행하는 데 차질을 빚는 일이 자주 일어났다. 부서 이기주의가 만연하기 시작한 것이다.

자재과와 검사과, 제조과는 끊임없이 커뮤니케이션을 하면서 업무를 공유해야 하는 공생관계에 있다. 그런데 제품을 생산하기까지 요청과 협력이 원활하게 이루어져야 회사의 목표를 달성할 수 있음에도 불구하고 집단 이기주의에 빠지면서 어긋나기 시작했고, 자기네 과의 업무 위주로만 일을 진행하면서 3개 부서 사람들의 언성이 높아지는 경우가 잦아졌다.

일단 생산라인에서는 검사과에서 검사를 마친 부품에 대해서는 별도의 체크를 하지 않고 무조건 생산에 투입했다. 그런데 생산과정에서 부품에 불량이 있는 것으로 확인되면 생산라인을 멈춰야 했고, 그로 인한 책임은 검사과로 돌려졌다. 이런 일이 잦다 보니 검사과 입장에서는 부품 불량이 발생하면 책임을 져야 한다는 부담감 때문에 부품을 더욱 엄격하게 검사하기 시작했고 당연히 검사에 소요되는 시간도 늘어났다. 자재과와 제조과 입장에서는 부품이 제시간에 빨리 넘어와야 생산에 차질을 빚지 않기 때문에 검사과정을 거치지 말고 그냥 부품을 넘겨 달라고 요청하기도 했다.

여러 가지 문제점 가운데서도 가장 심각한 문제는 어느 새부터인가 검사과의 역할이 생산라인을 통제하고 감시하며 일방적으로 명령을 내리는 것으로 변질되면서부터 발생했다. 검사과가 생산라인을 지나치게 압박하면서 조직 내에 위화감이 조성된 것이다. 일례로, 제품 생산을 전담하는 제조과 구성원들이 부품의 불량을 발견해서 검사과에 항의하면, 검사과는 자기네가 검사를 해서 통과시킨 부품에 대해 클레임을 제기하는 것은 월권행위라며 맞섰다. 게다가 "전체적인 불량 비율이 낮아서 큰 문제는 없지만, 불량품이 출하되는 일이 재발되지 않도록 하기 위해서는 원자재를 공급하는 업체의 부품 전부를 검사하는 전수검사를 실시해야 하는데 현재의 인원이나 생산능력(capacity) 상 현실적으로 불가능합니다."라는 답변이 되풀이되곤 했다.

이런 식으로 제품 생산에 대한 키를 검사과가 쥐게 되자 자재과는 자재과대로, 제조과는 제조과대로 점점 검사과의 눈치를 보지 않을 수 없었다.

검사과의 권한이 막강해지면서 제조과와 자재과의 사람들은 검사과 사람들을 부러워하기도 했다. 하지만 아이러니하게도 검사과 구성원들은 그들대로 심각한 업무 스트레스를 받고 있었다. 당시 검사과에서 일했던 강철홍 대리는 부품을 검사할 시간이 부족해서 새벽 늦게까지 일을 하면서 잠자는 시간도 아꼈다. 나중에는 부품을 집에 가져가서 아내와 같이 검사를 하기도 했다. 그렇게 열심히 일을 했는데도 나중에 불량이 발생하면 그 책임은 몽땅 자신에게로 돌아왔다. 결국 검사과, 자재과, 제조과 모두가 불만족스러운 상황에서 일을 해야만 했다.

캐논코리아 안산공장 경영진은 조직 이기주의가 퍼지고 조직 내에서 일방적인 지시와 방침에 따라 움직여야만 하는 약자가 생기는 것을 방치할 수 없었다. 구성원들이 서로를 믿으면서 각자가 건전한 승부욕과 도전정신을 발휘하는 기업문화를 형성하기 위해서는 과감한 결단이 필요했다.

"오늘부터 우리 공장에서 검사과는 사라집니다. 부품에 조금이라도 문제가 있다고 생각되면 생산라인을 멈추셔도 됩니다. 단, 제조한 이후에 문제가 발생하면 제품을 제조한 사람에게 책임을 묻겠습니다. 저희는 여러분을 믿습니다. 직접 부품을 검사하고 판단하시길 바랍니다. 여러분이 검사한 결과에 따라 제품의 질이 결정되고, 그 제품을 구매한 고객은 웃기도 하고 울기도 할 것입니다."

지금 현재 캐논코리아 안산공장 조직도에서는 아무리 눈을 씻고 찾아봐도 검사과를 찾을 수가 없다.

일반적으로 제조업체는 작은 실수나 사고로 인해서 엄청난 금전적 손실이 발생하기도 하고 인명피해로까지 이어질 수 있기 때문에 보수적인 성향이 강한 편이다. 그래서 다양한 산업분야 중에서도 제조업체만큼은 당연히 검사과가 있어야 한다는 고정관념에 사로잡혀 있다. 그럼에도 캐논코리아 안산공장이 그처럼 과감한 결단을 내린 이유는 무엇일까?

불합리한 제도로 인해 많은 구성원들이 어려움을 겪고 피해를 보고 있다고 판단했기 때문이다. 공장 거의 모든 구성원들이 만족하지 못하는 상황을 타개해야 했다. 내부적으로 엄격해짐으로써 회사를 살리고자 하던 검사과의 역할과 의도는 반드시 필요한 것이었지만, 그로 인해 자재과와 제조과, 심지어 검사과 스스로까지 집단 이기주의에 사로잡혀 책임을 상대방에 전가하고 핑계를 대는 풍토를 바로잡아야 했다.

생산현장에서 조직의 체계를 뒤흔드는 것은 경영진으로서 결코 쉽게 내릴 수 있는 결정이 아니다. 더군다나 공장에서 제품을 생산하고 출하하기까지의 전 과정을 통제해야 하는 막중한 임무를 지녔던 검사과를 없앤 것은 대단히 큰 모험이라고 할 수 있다. 과연 캐논코리아 안산공장은 검사과를 없애고 난 뒤에 닥칠 후폭풍을 감당해 낼 충분한 체력이 있었을까? 경영진이 "여러분을 믿습니다."라고 말하기는 했지만 과연 그럴 만한 역량을 갖추고 있는지, 구성원들 스스로가 의문을 품지 않을 수 없었을 것이다.

제조 공정에서 생산라인의 판단까지도 좌지우지하던 검사과가 없어지자, 생산현장의 구성원들은 어리둥절할 수밖에 없었다.

'검사과가 없어도 되는 걸까?'

이것이 구성원들의 솔직한 심정이었다. 그리고 검사과가 없어지고 난 뒤에 생기게 될 문제부터 떠올랐다.

회사 입장에서 보면 부품을 검사하는 사람이 없으니 제품 불량 비율이 높아질 것이고 그로 인해 생산라인을 멈춰야 하는 일이 자주 생길 수 있다. 납품기일과 제품 불량은 필연적으로 고객의 불만으로 이어진다. 그리고 생산라인 입장에서 보면, 검사과가 없어짐으로 인해서 생산현장의 구성원들이 직접 부품을 검사해야 하기 때문에 업무가 과중될 수 있다. 그리고 앞으로는 옳고 그름을 판단해주는 사람이 없기 때문에 문제가 발생했을 때 누가 책임을 지고 상황에 대응을 해야 할지도 애매했다. 이와 같은 여러 가지 불길한 시나리오

제품 제조 공정의 각 부서가 갖고 있던 기능과 역할을 통합하면서
캐논코리아 안산공장에서는 부서 간의 갈등이 사라졌고,
구성원들 역시 전 공정을 수행하는 멀티플레이어로 거듭났다.
공정 과정을 작은 섹터로 나누어 분업화하는 것이
반드시 효율을 높이기 위한 해법이 아님을
캐논코리아 안산공장은 보여주고 있다.

가 예상되면서 검사과를 없애는 것에 반대하는 사람도 나타났다. 하지만 회사의 방침이었기 때문에 일단은 한번 해보고 판단하자는 생각으로 며칠이 지났다.

　그런데 각 생산라인에서 부품을 직접 검사해서 사용하면서부터 아이러니한 일들이 생기기 시작했다. 예전에는 생산을 전담하는 제조과 구성원들이 부품이 불량한 것 아니냐는 의견을 제시하면 검사과에서는 엄격한 검사과정을 거쳤다며 단박에 의견 수렴을 거절하고는 했다. 그러다 보니 제조부서에서는 찜찜한 기분이 들더라도 일단 부품이 검사과를 거치고 나면 조립에 사용할 수밖에 없었다. 그런데 제조과 사람들에게 부품을 검사하는 책임과 권한이 주어지자 품질에 이상을 일으킬 수 있는 부품이 발견되면 다른 부품으로 먼저 작업을 함으로써 작업속도가 훨씬 빨라졌다. 예전에는 불량품이 발견되면 즉시 검사과에 요청을 해도 검사과에서는 자체 업무가 우선이다 보니 신속하게 대응하지 못해서 작업이 지연되기 일쑤였다. 그

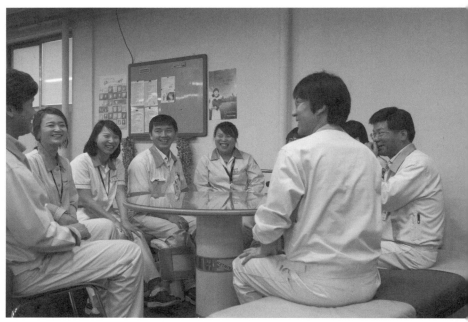

현재 캐논코리아 안산공장은 각 구성원의 전문성에 따라 여러 개의 팀으로 나누어 역할을 구분하고 있지만, 총체적인 시스템은 생산현장에 집중되어 있다. 사진은 쉬는 시간에 제조팀과 제조지원팀, 공장혁신팀, 경영진이 모여 이야기를 나누는 모습이다.

리고 특채와 구제 신청서를 작성하기 위해 여러 부서를 찾아다니면서 시간을 낭비하던 문제들도 해결되었다.

뿐만 아니라 검사과의 인력과 예산 문제로 구매한 부품을 검열하는 전수검사가 불가능해서 샘플링 검사를 했는데, 이제는 생산라인에서 부품을 하나하나 확인하면서 쓰기 때문에 불량 부품을 더 꼼꼼하게 잡아내면서 품질관리 상의 문제가 확실히 감소했다. 그리고 제품을 생산해내는 현장에서 직접 판단하고 능동적으로 일을 하기 시작하면서 조직에 생기와 활기가 돌았다. 또한 문제가 발생하더라도 책임 소재를 따지며 충돌할 일도 없었다. 자재, 제조, 검사가 삼위일체가 되어서 부품 수급과 품질 관리, 생산이 하나의 연속된 과정으로 신속하게 이루어졌다.

사실 생산현장에서 제조 업무를 담당하는 사람들은 오랜 시간 동안 업무가 몸에 배어 있어서 제품 조립에 관한 한 달인들이다. 그들은 맨손만으로도 제품의 무게를 정확히 예측하고 구멍의 크기 역시 단번에 맞힐 수 있다. 그러한 역량이 있음에도 불구하고 지금까지 그들이 관리부서나 상급자가 시키는 대로 수동적으로 일을 해왔던 것은 권한이 없었기 때문이다. 권한만 주어진다면 그들은 제품 생산에 대해서만큼은 신속하게 의사결정을 하며 일할 수 있다.

시계를 되돌려보면 생산현장의 분위기는 지금과 달리 매우 위압적이었다. 한국전쟁이 휩쓸고 지나간 폐허에 공장이 세워지고 가동

캐논코리아 안산공장의 모든 구성원들은 부서와 직급에 상관없이
회사 내에서 같은 유니폼을 입고 다닌다.
사무직과 생산직의 구분이 없다.
생산본부장의 비서 역할을 하는 구성원 역시 유니폼 차림이다.
캐논코리아 안산공장에서는 상하와 부서 간의
괴리감이 사라진 지 이미 오래다.

되면서 일자리가 생겨나고 우리 국민들은 생계의 압박으로부터 어느 정도 벗어났다. 하지만 그 이면에는 밤새 공장에서 피땀을 흘리며 일을 해도 남 앞에서 제대로 내세울 만한 기술이 없어서 설움을 받던 사람들도 많았다. 지금은 자취를 감춘 공돌이, 공순이라는 말이 그 세월을 기억하게 한다. 근무시간에 잠깐 쉬는 것조차 용납되지 않았고, 야근을 반복하면서도 험한 말을 들으며 모욕을 참아야 했다. 수십 년 동안 한 쪽에서 일방적으로 명령하고 지시하며, 다른 한 쪽에서는 그저 따를 수밖에 없었던 생산현장의 오랜 관습은 조직문화로 고착되어 깨기가 어렵다.

이러한 생산현장의 위압적인 조직문화는 강한 권한을 가진 부서가 타 부서의 우위를 점하고 압박하는 형태로 그 잔재가 오늘날까지도 남아 있다. 대부분의 생산현장에서 자재과와 제조과는 검사과의 눈치를 살핀다. 자재과 입장에서는 제때에 부품을 조달해서 생산을 지원해야 하는데, 검사과에서 클레임을 걸면 납품을 받은 부품들이

생산라인으로 향하지 못하고 며칠 동안 발이 묶여 있어야 한다. 그러면 제조과에서는 부품들이 검사과의 검수를 통과하기만 기다려야 한다. 검사과로서는 제품의 품질을 좌우하는 부품들의 불량 여부를 책임져야 하기 때문에 엄격하게 체크할 수밖에 없다. 그런데 이러한 과정에서 자연스럽게 힘의 균형이 검사과에 몰리게 되고, 검사과 구성원들은 무의식중에 타 부서의 구성원들에게 군림하려는 그릇된 인식을 갖게 된 것이다.

지금 현재 캐논코리아 안산공장의 모습은 어떨까? 검사과를 없앤 것뿐만 아니라 생산관리부서도 없앴다. 그리고 자재과와 물류과마저 없애버렸다. 쉽게 납득하기 어려운 일이 아닐 수 없다.

이렇게 소멸된 부서의 구성원들은 모두 셀 생산라인으로 투입되었다. 각 부서로 흩어져 있던 책임과 권한을 생산현장으로 집중시키고, 각 부서의 구성원들을 생산현장의 구성원들과 한 팀으로 묶은 것이다. 부서의 구분이 사라지고 나니 부품이 없어서 생산라인이 멈추는 일이 사라졌다. 작업을 하는 도중에 부품이 떨어지면 작업자가 직접 부품을 조달한다.

부서와 부서, 너와 나의 구분이 사라진 캐논코리아 안산공장에서는 핑계를 찾을 수 없다. 부서 이기주의와 업무의 장벽이 없기 때문에 잘잘못을 따지고 책임을 전가하는 행태 역시 사라졌다.

그리고 생산현장의 구성원들은 자신이 직접 선택한 부품으로 제품을 만들면서 자신이 하고 있는 일에 대해 더욱 애착을 갖게 되었고 업무에 대한 책임감도 강해졌다. 부품을 직접 골라서 쓸 수 있는 권한이 주어지면서 개개인의 역량이 발휘될 수 있도록 회사에서 자신을 존중해준다는 심리적 보상이 확대되었기 때문이다. 이러한 심리적 보상은 예전과 동일한 일을 하면서도 일에서 보람을 느끼고 동기를 부여해주는 효과로 이어졌다. 부서 간의 장벽을 허물면서 캐논코리아 안산공장은 구성원들이 제품 생산과 관련한 전 과정을 스스로 책임진다는 마음가짐으로 일하는 '평계 없는 공장'으로 탈바꿈한 것이다.

인간에 대한 신뢰가
구성원을
미친 듯이 일하게 한다

일반 기업과 프로구단의 공통적인 존재이유는 제품과 서비스를 고객에게 제공함으로써 성과와 수익을 창출한다는 것이다. 하지만 조직을 운영하는 일반적인 모습을 보면 두 조직은 상당히 차이가 난다.

국내 대다수 기업들은 내부통제에 치중하는 경향이 강하다. 이를 위해 위계질서의 상징인 계급(직급)에 의해 수직적으로 하부 조직을 관리하는 피라미드 형태를 취한다. 조직의 모든 성과에 대한 책임은 최소 팀장 이상의 구성원이 지고 팀원들은 그저 위에서 시키는 대로만 열심히 하면 된다고 생각한다.

반면에 프로구단의 조직 운영방향이나 스타일은 이와 다르다. 구성원(선수)들 한 사람, 한 사람이 수평적인 조직 형태의 성격을 띠고 있으며, 구단 프런트는 선수를 확보하고 육성하며 선수들이 신바람 나서 열정적으로 경기에 임할 수 있도록 동기부여를 하는 데 조직 운영의 초점을 맞추고 있다.

그리고 프로구단은 '미션'을 수행함에 있어 무엇보다도 사람의 중요성이 부각된다. 선수들이 즐겁게 열심히 뛰어야 관중들이 볼거리가 생기고, 선수들이 경기에 몰입하고 각자 맡은 바 전략적 미션을 제대로 수행해야 경기에서 승리할 수 있다. 따라서 경기장으로 고객을 끌어들이는 것도, 그리고 고객을 즐겁게 만드는 몫 역시 순전히 유능한 선수에 달려 있다.

이와 같이 기업의 제품과 서비스를 제공하는 구성원들을 최고의 선수로 만드는 조직을 경영하고 싶다면, 실행과정을 통제하는 데 효율적이었던 지금의 피라미드 조직 형태에 대대적인 변화를 가해야 한다. 이를 실현하기 위해서 해야 할 가장 중요한 일은, 수평적인 조직을 구성하고 권한을 위임하여 성과 중심형 체제를 갖춤으로써 구성원들을 동기부여 할 수 있어야 한다. 그러면 구성원 개인의 자율성과 책임감이 강화되면서 전문성을 키워줄 수 있고, 기업의 경쟁력은 더욱 강해지게 될 것이다.

검사과와 자재과, 물류과, 생산관리과를 없애고 부서 간, 업무 간 장벽을 허문 캐논코리아 안산공장은 각 셀 조직의 자율성과 전문성을 극대화하기 위해 거기에서 한 걸음 더 나아갔다.

"세계 우수 기업의 생산현장에서는 셀을 하는 데 그치지만, 우리는 셀 컴퍼니를 만들 것입니다."

바로 캐논코리아 안산공장 혁신의 아이콘이 된 기종장제도가 탄생하는 순간이었다.

기종장(Cell Company Organization)제도는 생산관리, 자재, 검사, 기술, 제조 등 제품 생산에 필요한 모든 기능을 하나의 Cell에 집약한 것으로, 캐논코리아 안산공장에서 생산하는 여러 제품들 가운데 하나의 기종을 담당하는 셀 조직들이 각각 하나의 회사처럼 움직이도록 한 것이다. 정치와 비교하면 지방자치제와 유사한 형태다. 기종장제도는 생산과정에 한정되어 있던 셀 생산방식을 발주와 제조, 출하까지 진행해야 하는 경영 차원으로 확대한 것이다. 그래서 기종장제도 하에서의 셀 조직을 '셀 컴퍼니(Cell Company)' 라고 부른다. 이러한 조직 형태는 리더와 간부가 하위조직을 통제하고 감독하려 들면서 발생할 수 있는 장애요인을 사전에 예방할 수 있다. 캐논코리아 안산공장은 2002년부터 기종장제도를 운영한다는 목표를 세우고, 어떻게 각 셀을 독립적인 하나의 회사가 되도록 할 것인가를 놓고 워크숍에 들어갔다.

하지만 일부 간부들은 기종장제도를 두고 걱정과 우려를 나타냈다.

"내 경험상으로 볼 때는 반드시 문제가 생길 거야."

"생산현장에서 어떻게 결정을 내릴 수가 있어?"

간부들뿐만 아니라 기존의 작업 프로세스에 익숙해 있던 구성원

공장의 옥상에 있는 '하늘정원'. 나무가 많고 벤치도 많아 쉼터로 제격이다. 캐논 코리아 안산공장은 청결은 기본이고 구성원들이 쾌적한 환경에서 일하도록 곳곳에 세심한 배려를 하고 있다. '공장'이라는 느낌을 전혀 주지 않는다.

들 역시 같은 우려를 나타냈다.

그리고 당시 캐논코리아 안산공장은 셀 시스템으로 생산방식을 변경한 이후 수출물량이 꾸준히 증가하면서 탄력을 받고 있던 시점이었다. 기종장제도는 산업 선진국인 미국과 일본에서도 시도하지 않은 시스템이기 때문에 모범으로 삼을 사례가 전혀 없었다. 이 말은 기종장제도를 실시하면서 겪게 되는 시행착오는 고스란히 캐논코리아 안산공장의 실질적인 피해로 돌아온다는 뜻이다. 캐논코리아 안산공장처럼 규모가 크지 않은 조직은 거듭된 시행착오로 인해 데미지가 쌓이면 돌이킬 수 없는 지경으로 몰릴 수 있었다. 기종장제도가 실패하면 그동안 구성원들이 쌓은 노력과 고생이 수포로 돌아갈 것이 뻔했다. 따라서 캐논코리아 안산공장의 미래를 책임지고 있는 김영순 전무로서도 크나큰 도박이 아닐 수 없었다. 일이 잘못되었을 경우, 자신은 모든 책임을 지고 물러나면 그만이지만, 리더를 믿고 따라왔던 구성원들 전체가 큰 어려움에 봉착하게 되는 것이다.

하지만 김영순 전무는 더 큰 미래를 내다보았다. 구성원들을 인격적으로 대하고 존중하자는 방향으로 리더십 마인드를 변화시킨 것만으로도 공장의 분위기가 크게 달라졌다. 그리고 존중의 정신 위에 자율과 신뢰가 더해지면서 셀 생산방식이 성공적으로 자리 잡았다. 그것은 전과 비교할 수 없을 만큼 향상된 성과로 이미 충분히 증명되었다. 여기까지 온 것만으로도 캐논코리아 안산공장은 전 세계 어떤 생산현장에도 뒤지지 않는다고 자부할 수 있었다. 하지만 여기서 멈출 수는 없었다. 김영순 전무는 캐논코리아 안산공장의 구성원들이 '주인의식이 강한 구성원'에 그치지 않고 '진정한 주인'이 되기를 바랐다. 이를 위해서는 반드시 기종장제도를 성공적으로 실현해야 했다.

그래서 캐논코리아 안산공장은 워크숍을 통해 기종장제도의 현실성을 다각도로 분석한 뒤에 샘플 조직을 만들어 실제로 기종장을 임명하고 시뮬레이션 과정을 지켜보았다. 이 기종장제도 샘플 조직에 캐논코리아 안산공장 전 구성원의 시선이 집중되었다. 과연 하나의 조직에서 생산계획과 부품 발주, 검사, 물류, 생산관리, 출하까지의 전 과정을 독립적으로 해낼 수 있을까? 샘플 조직의 움직임 하나하나에 전 구성원들의 촉각이 곤두섰다.

그로부터 6개월가량이 지났을 때, 비로소 현장 사람들의 눈빛이 달라지기 시작했다. 해볼 만하다는 도전의식이 생긴 것이다. 구성원들이 샘플 조직을 지켜보면서 가장 크게 관심을 보인 부분은, 제품을 생산하는 전 과정에서 의사결정을 내릴 권한이 자신들에게 주어졌을 때 그 권한을 업무에 매끄럽게 활용할 수 있는지 하는 것이었다. 다행히 샘플 조직은 권한과 책임을 균형적으로 적용했고, 생산성과 업무만족도 역시 크게 향상되는 성과를 보였다. 기종장제도를 실질적으로 시행하기로 한 2002년 새해가 다가오면서 구성원들은 묘한 흥분으로 들끓기 시작했다.

샘플 조직의 성공적인 안착을 지켜본 뒤 기종장제도의 시행 시점을 놓고 간부들이 회의를 했다. 회의 결과, 현재의 생산물량을 고려해서 생산에 차질을 빚지 않도록 기종장제도의 시행 시점을 2월 1일로 늦추자는 결론을 내렸다. 그런데 막상 2월이 다가오자 또다시 여기저기서 문제가 불거졌다. 제품의 납기일과 주문에 따른 생산량을 맞추기 위해서는 시기상조라는 의견이 많았다. 그래서 상반기는 기존의 시스템으로 운영을 하고 하반기부터 본격적으로 기종장제도를 시행하자는 이야기가 간부들 사이에서 나왔다.

그런데 생산현장의 구성원 대표들이 김영순 전무의 사무실로 찾아왔다. 그들은 생산현장에 있는 본인들이 잘할 수 있다는데 왜 시행일을 뒤로 미루느냐며 항의했다. 셀 생산방식을 처음 도입할 때 조직의 위아래가 모두 거세게 반발하던 때와 비교하면 고무적인 일이었다. 기종장제도는 생산현장 구성원들이 먼저 하겠다고 발 벗고 나선 것이다.

회사의 명운을 쥐고 있는 일을 앞두고 올바른 판단을 내리기란 매우 어렵다. 하지만 김영순 전무는 구성원들이 먼저 하겠다고 나서는 모습을 보면서 내심 반가웠다. 간부들도 현장 사람들의 그런 모습을 보면서 믿어보자는 쪽으로 가닥을 잡았다.

1987년 컨베이어벨트 시스템으로 시작한 생산 시스템이 1998년 12월, 셀 생산방식으로 바뀐 데 이어 2002년 2월 1일 드디어 제조업 생산현장으로서는 전례가 없는 기종장제도가 캐논코리아 안산공장에서 시작된 것이다.

　기종장제도 하에서는 생산관리과, 자재과, 검사과, 제조과의 구분이 없다. 한 기종에 대한 생산계획과 발주, 제조, 검사, 출하를 같은 팀에서 진행한다. 각 부서가 나누어져 있던 때와 비교하면 구성원 개개인에게 주어진 업무의 폭이 상당히 넓어진 것이다. 그런데도 오히려 생산성과 업무만족도는 훨씬 향상되었다. 그 이유는 '자기완결형 조직'이라는 말에서 찾을 수 있다.

　부서의 구분이 있어서 자신이 맡은 분야의 업무에만 충실해도 되었던 때를 가정해보자. 예를 들어 자재과에 근무하고 있었다면, 부품 검사와 제품 제조에 대해서는 전혀 신경을 쓸 필요성을 느끼지 못했을 것이다. 오직 자신의 분야에만 업무의 폭을 한정했기 때문에 생산 공정에서 문제가 발생하더라도 굳이 자신이 나서서 해결해야 한다는 문제의식을 갖지도 않았을 것이다. 업무 구분이 명확한 조직에서는 타 부서에서 발생한 일에 나서는 것 자체가 오히려 간섭과 월권으로 비칠 수 있다. 상황이 이러하다 보니 초기에 대응을 하면 금방 해결될 문제를 키우는 경우도 빈번하다. 생산계획은 차질 없이 진행되는데도 부품 조달이 생산계획을 따라오지 못해서 생산라인이 멈추는 일도 자주 있다. 실제로 캐논코리아 안산공장에서 셀 생산방식과 기종장제도를 시행하기 전에는 일주일에 한 번 꼴로 생산라인이 멈추고는 했다. 이것은 비단 캐논코리아 안산공장만의 문제는 아지난 10여 년 동안 캐논코리아 안산공장의 제품 생산량은 19배 증가했다. 반면 이 기간 동안 구성원의 숫자는 불과 2배가량 늘어났을 뿐이다. 생산량을 19배 늘리기 위해서는 생산현장의 구성원이 5~10배 증원되어야 한다는 것이 일반적인 수치다. 자율경영을 실현한 기종장제도가 이 '일반적인 수치'를 무색하게 만든 것이다.

닐 것이다.

그런데 기종장제도를 시행한 이후로는 단 한 번도 생산라인이 멈춘 적이 없다. 생산현장에서 자체적으로 결정하고 판단하며 실행하는 권한을 갖게 되면서 생산과 발주의 관리가 보다 체계적으로 운용되기 때문이다. 혹여 문제가 발생하더라도 현장에서 신속하게 해결을 하기 때문에 업무처리 속도가 이전에 비해 훨씬 빨라졌다. 기술부서가 따로 운영되던 때에는 제조과에서 일을 부탁하면 6개월이 지나도 처리가 되지 않았다. 그런데 모든 조직 기능이 하나의 팀으로 통합된 이후로는 늦어도 일주일 안에 처리가 된다. 뿐만 아니라 과거에 기술부서에 속해 있던 구성원이 생산현장을 돌아다니면서 제조를 담당하는 구성원에게 무엇이 필요한지 먼저 묻고 스스로 문제를 발견해서 해결하려는 쪽으로 업무 태도가 바뀌었다.

조직이 슬림화되면서 의사소통이 빨라진 것도 기종장제도의 장점이다. 부서가 사라지면서 자연스럽게 절차와 체계가 사라졌고, 이로 인해 다른 부서에 무언가를 요청하는 서류를 작성하고 결재를 받느라 소모되던 시간들이 사라진 것이다. 기종장제도 하에서 일을 하면서 캐논코리아 안산공장 사람들은 예전에 왜 그렇게 형식적인 절차에 많은 시간을 소모했는지 이해가 되지 않는다고 말한다. 지금은 1시간이면 해결될 일이 예전에는 3일 이상 걸렸던 것이다.

재고관리 측면에서도 엄청난 변화가 생겼다. 예전에는 지하창고 공간이 모자랄 정도로 재고 부품이 쌓여 있어도 정작 부품이 필요할 때는 찾을 수가 없어 새로 주문을 해야 했다. 또한 발주부서, 관리부서, 사용부서의 원활한 정보교류 부족으로 인하여 비싸게 들여온 수입 부품을 내다버리기도 했다. 인력이 부족해서 재고관리를 철저하게 할 수 없었고, 제조부서에서는 당장 필요한 부품을 빨리 수급해야 하기 때문에 재고 상황을 파악하지 않고 자재과에 부품 신청을 했다. 우선 생산량은 맞추자는 생각으로 부품을 발주하는데, 이런 식으로 쌓인 재고 부품은 나중에 고스란히 쓰레기가 되었던 것이다. 하지만 각 셀의 생산현장에서 재고관리를 직접 하면서 필요한 만큼만 수급하고 남는 것은 자체적으로 관리하게 되었기 때문에 10자리 숫자의 재고도 거의 완벽하게 파악된다. 이는 원가 절감 측면에서도 기종장제도의 효율이 대단히 뛰어나다는 사실을 보여준다.

기종장제도를 시행하고 난 뒤에 캐논코리아 안산공장에 내려진 최고의 축복은 구성원들 사이에 신뢰와 돈독한 파트너십이 형성되었다는 사실이다. 구성원 간의 신뢰와 파트너십은 다른 구성원들에게 배려하고자 하는 마음을 불러일으키고, 이러한 배려의 마음은 업무의 폭을 넓히게 만든다. 일례로, 부품을 관리하는 구성원은 자신의 업무를 부품과 물건을 보관하는 것에 제한하지 않고 창고에 보관된 재고관리를 철저히 하면서 수량이 부족할 것 같을 때는 생산현장의 기종장에게 미리 그러한 사실을 알려주게 되었다. 이런 식으로 조직 내의 모든 업무가 유기적으로 연결되면서 공정이 톱니바퀴 돌듯 딱딱 맞아 들어가는 것이다.

캐논코리아 안산공장에 입사한 지 20년이 된 홍숙자 사원은 그동안 지나온 회사의 분위기에 대해 누구보다도 잘 알고 있다. 홍숙자 사원이 신입으로 입사했을 때만 해도 기존 사원들의 텃세가 너무 심해서 회사 동료들과 눈도 못 맞추고 이야기도 제대로 나누지 못했다고 한다. 그리고 과거에는 부서 간에 업무로 인한 충돌이 잦았기 때문에 서로가 적이라는 인식이 없지 않았다. 하지만 지금은 함께하는 아군이 많으니 일의 진행속도가 빠를 뿐만 아니라 일할 맛도 난다고 말한다.

월급이 예전에 비해 월등히 많아진 것도 아니다. 권한과 책임이 가중되면서 업무에 대한 부담감은 오히려 커졌다. 그런데도 홍숙자 사원은 마치 갓 학교에 입학한 어린아이처럼 들뜬 표정을 짓고 있다. 캐논코리아 안산공장 구성원들의 얼굴에서는 어렵지 않게 이런 표정을 발견할 수 있다.

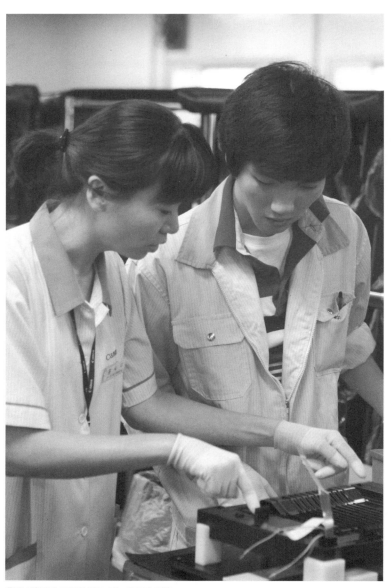

후배 사원에게 조언을 하고 있는 홍숙자 사원

기종장을 맡고 있는 한 구성원은 생산현장에서 일하는 동안 가장 뿌듯했던 순간을 이야기해주었다. 대형 전자제품 마트에서 가족과 함께 물건을 구경하고 있을 때였다. 그런데 매장 안을 돌아다니던 아이가 갑자기 함박웃음을 지으면서 달려와서는 자기 손을 이끌었다고 한다.

"우리 아빠가 여기에 있어!"

복합기에 붙어 있는 품질보증 책임 라벨에서 아빠의 얼굴을 발견한 아이가 좋아서 껑충껑충 뛰었다. 그 순간만큼은 이 세상 어떤 아빠보다도 자랑스러운 아빠가 된 느낌이었다. 그리고 복합기에 붙은 사진을 보고 5년 전에 퇴사했던 옛 동료로부터 전화가 걸려오는 반가운 일도 있었다고 한다.

기종장제도를 시행하고 난 뒤 제품에 기종장의 얼굴이 담긴 품질보증 라벨을 부착하여 출시하면서 생긴 일들이다. 만약 제품의 품질에 문제가 생긴다면 자신의 얼굴에 먹칠을 하는 일이 된다. 그래서 캐논코리아 구성원들은 품질에 더욱 신경을 쓸 수밖에 없다. 품질 좋고 성능 좋은 제품을 만들기 위해 최선을 다할 수밖에 없다. 하지만 그런 부담감보다는 '내가 만들었다'는 자부심과 일하는 보람이 더욱 크다.

기종장제도를 시행한 이후 캐논코리아 안산공장은 내부적인 성과를 이루었을 뿐만 아니라 대외적으로도 기업 이미지가 크게 제고되는 기쁨을 누렸다. 기종장제도를 시행했던 2002년에는 능률협회로

캐논코리아 안산공장에서 만드는 제품에는
기종장의 얼굴이 들어간 품질보증 라벨이 붙어 있다.

F3-02/70X30 귀돌이

고객상담실: 1588-2500

본 제품은 저희 CCO에서 정성을
다해 생산한 제품입니다.
사용시 불편한 사항에 대해 연락
을 주시면 최선을 다해 개선을 하
겠습니다.

CCO 기종장 김용태

부터 World Class 레벨의 공장으로 인정을 받았고, 그로부터 2년 뒤에는 대한산업공학회로부터 제1회 제조기업대상을 수상했다.

캐논코리아 안산공장은 기종장제도가 확실하게 자리를 잡고 성공을 이루면서 이 제도를 비즈니스 모델로 특허를 냈다. 바닥까지 떨어졌던 공장의 생산성과 시장대응도가 크게 향상되자 일본의 캐논 본사에서도 주목하기 시작했고, 2006년에는 사명을 '캐논코리아'(이전에는 '주식회사 롯데캐논'이었다)로 변경하고 더욱 멀리 뛰기 위한 전기를 마련했다.

캐논코리아 안산공장의 기종장제도는 기업의 소사장제도를 상징하는 아이콘이 될 수 있다. 부품과 원자재 발주부터 제품 생산까지의 과정을 분리시키지 않고 하나의 단위조직에서 유기적으로 운영하고, 구성원 각자가 공장을 경영하는 CEO처럼 일할 수 있는 발판이 마련되어 있는 기종장제도를 통해서 기업의 나아갈 길을 발견할 수 있다.

셀 생산방식이 항상 컨베이어벨트 생산방식보다 우위에 있는 것은 아니다. 제품의 성격에 따라 컨베이어벨트 방식이 더욱 효율적일 수 있다. 그리고 셀 생산방식을 채택하더라도 그를 통해 구성원들의 마인드에 변화를 심어주지 못하고 경영진과 구성원 사이에 신뢰를 구축하지 못한다면 셀 시스템은 성공할 수 없다.

견학을 온 한 기업의 관리자는, 자기네도 셀 생산방식을 시도했다가 10년 전에 포기한 적이 있는데, 왜 당시에 셀 시스템이 실패했는지 캐논코리아에 와서야 알게 되었다고 한다. 그 해답은 기종장제도에 있었다.

캐논코리아 안산공장은 기종장제도를 통해 구성원들에게 명확한 주인의식을 심어주었고, 구성원들이 부품 발주, 운반, 제조와 조립, 생산관리, 품질관리, 물류 등의 모든 역할을 혼자서 수행할 수 있도록 다기능화시켰다.

이렇게 조직 간에 생길 수 있는 업무 장벽을 없앰으로써 제품 생산의 효율과 속도를 높였다. 그리고 자신이 만든 제품에는 본인의 얼굴이 찍힌 라벨을 붙여서 고객들에게 전달한다. 이 한 장의 사진이 문제 발생에 따른 책임 구조를 명확하게 하는 한편, 이 제품은 '내가 만든 것이다'라는 자부심을 심어주었다. 기종장제도를 통해서 확인할 수 있는 분명한 사실 한 가지는 현장의 구성원들에게 돈과 권력, 명예가 주어져야 한다는 것이다.

기종장제도를 시행한 뒤 구성원들의 월급이 달라진 것은 아니었다. 그런데도 생산성이 20% 이상 향상되었고, 상품 재고는 73% 줄어들었으며, 해외 클레임은 아예 사라졌다. 고임금이 결코 구성원들을 스스로 움직이도록 만들지는 않는다. 성과경영에 관한 많은 보고서들은 구성원들이 일터에서 갖는 만족감은 높은 임금이 아니라, 회사와 함께 자신이 성장하고 있다는 사실, 일을 해냈을 때의 보람 등을 통해서 느낀다는 사실을 보여준다.

캐논코리아 안산공장에서 셀 생산방식을 채택하고 10년이 가까워지는 동안 제품 생산량은 19배 늘었다. 그런데 그 사이 생산인원은 불과 2배 늘었을 뿐이다. 보통 19배 정도로 생산량을 늘리기 위해서는 생산인원을 5~10배 늘려야 하는 것이 생산현장의 일반적인 수치다. 캐논코리아 안산공장은 구성원들의 마인드를 변화시키고 여러 공정을 수행할 수 있는 다기능 요원으로 성장시킴으로써 추가적인 고용 비용을 들이지 않고도 생산성을 비약적으로 향상시킬 수 있었다. 이 모든 일은 경영진과 구성원 사이의 인간존중, 신뢰, 자율의 정신이 실현된 기종장제도가 있었기에 가능했다.

혁신 습관이
구성원 브랜드를 높인다

우리 사회에는 고층빌딩이나 현대적이고 세련된 건물에서 말
끔하게 차려입고 근무하는 사무직 사람들과 비교해서, 생산현장과
공장에서 작업복에 기름때를 묻히고 일하는 사람들을 사회의 하부
계층으로 생각하는 편견이 만연해 있다. 굳이 사회의 이러한 편견을
들먹이지 않아도 생산현장에서 일하는 사람들 스스로가 그러한 자
기비하에 빠져 있는 것이 사실이다. 근무하는 환경과 근무할 때의
옷차림새 등 외양을 중시하는 사회의 그릇된 풍조도 한몫을 했겠지
만, 사실상 대부분의 기업에서 생산부서는 관리조직과 영업조직이
계획한 마케팅 플랜에 따라 수동적으로 움직이기 때문에 육체적으
로 가장 많은 노동을 하면서도 가장 대접을 못 받는 조직으로 인식
되어 왔다.

캐논코리아 안산공장은 사회의, 그리고 구성원 스스로의 이러한 편견을 서서히 없애고 있다. 우선 캐논코리아 안산공장에서는 생산 현장의 구성원들을 '공장 노동자'라고 생각하지 않는다. 그들 한 사람 한 사람을 회사의 핵심인력이자 중요자산으로 여긴다. 공장의 최고 책임자인 김영순 전무가 출퇴근 문제로 공장을 이탈하는 구성원이 단 한 사람이라도 생긴다면 부지를 넓혀서 이전을 하는 것은 의미가 없다고 생각한 것처럼(이 책의 〈프롤로그〉에서 밝히고 있다), 캐논코리아 안산공장은 구성원을 신체의 일부처럼 소중하게 여긴다. 그리고 회사로부터 존중을 받는 구성원들은 그들대로 자긍심이 대단히 높다.

그리고 캐논코리아 안상공장의 구성원들은 셀 생산방식과 기종장 제도라는 시스템 속에서 부단히 단련하고 학습함으로써 스스로 일반 생산현장의 구성원들과는 차별화된 인력이라는 자부심을 갖고 있다. 관리조직과 영업조직의 플랜에 따라 지시를 받고 수동적으로 움직이는 것이 아니라, 스스로 계획하고 발주하고 생산하고 관리하는 능동적인 전문 인력으로 성장해나가고 있는 것이다. 이러한 구성원들이 있기에 캐논코리아 안산공장은 국내의 대기업들과 해외의 이름난 기업들도 배우기 위해 찾아오는 곳이 되었다.

여기에 구성원들을 자율적으로 제안하고 혁신에 앞장서는 인력으로 만들기 위한 캐논코리아 안산공장의 노력이 더해졌다. 그 대표적인 사례로 '일일혁신당직제도'를 들 수 있다.

캐논코리아 안산공장을 방문한 타 기업의 임직원들에게 일일혁신당직제도에 대해
브리핑을 하는 김영순 생산본부장

일일혁신당직제도는 공장에서 2차 컨베이어벨트를 철거하던 2000년 말부터 시행되었다. 당시는 컨베이어벨트와 셀 생산의 초보적인 단계가 공존하던 과도기였다. 이름은 셀 생산방식이라고 불렸지만 그 내용을 들여다보면 컨베이어벨트 시스템과 다름없었다. 이 과도기를 거치면서 생산 시스템을 혁신하기 이전에 구성원들 각자가 혁신 마인드를 갖추고 이를 습관화하는 것이 중요하다고 판단한 캐논코리아 안산공장은 전 직원이 참여하는 혁신 프로그램을 고심하다가 일일혁신당직제도를 생각해냈다.

별도의 TF(Task Force)나 혁신그룹을 따로 조직한 것은 아니었다. 생산혁신 일일당직은 경비를 맡은 아저씨와 식당 아주머니를 제외한 전 직원이 참여하는 일일혁신 프로그램이다. 매일 각 팀에서 차출된 4명이 팀을 이루어 움직이며, 일일혁신 당직에 투입된 날에는 담당업무를 전폐하고 오전 8시 30분부터 약 1시간 동안 혁신 교육을 받는다. 그리고 나서 개선 대상으로 정해진 공정에 배치되어 현장을 파악하고 개선할 문제를 도출하고 나면 오후부터는 본격적인 개선활동을 실시한다. 그날 시작한 개선활동은 반드시 당일에 끝내는 것을 원칙으로 하며, 하루 동안의 개선활동이 완료되면 그날의 성과를 정리하여 발표한다.

일일혁신당직제도의 가장 큰 장점은 구성원들이 직접 공장의 낭비 요인을 발견하고 개선하는 활동에 참여하면서 스스로 관리자로서의 역할을 수행하게 된다는 점이다. 이를 통해서 구성원 각자는 자신이 물건을 만들어내는 노동자에 머물지 않고 회사의 미래를 건설하는 작업에 적극적으로 참여한다는 사명감을 가지면서 보람과 긍지를 느낀다. 그리고 지속적인 혁신활동을 통해서 구성원들은 혁신을 습관화하게 된다.

이 외에도 1인당 공장 내에 있는 50건의 낭비 요인을 찾고 개선하여 공장 낭비를 제로(zero)화하자는 '1500운동'을 진행하는 등, 캐논코리아 안산공장은 항상 새로운 것을 시도하려는 도전적인 마인드로 내일을 열고 있다. 이를 목격한 타 기업의 인사들은 "사람의 에너지를 잘 활용하고 있는 것 같다.", "생산혁신과 모럴(moral)이 잘 어우러진 회사다."라는 평가를 내놓았다.

캐논코리아 안산공장은 지금 당장 시행하고 있는 것이라 할지라도 필요 없는 것이라면 과감히 버리고 새로운 것을 받아들일 자세가 되어 있다. 변화를 시도하는 과정에서 당연히 실패를 맛보기도 했다. 하지만 멈추지 않고 계속 노력했기에 그것은 실패가 아니라 성공을 향한 과정이 될 수 있었다.

캐논코리아 안산공장 생산현장의 벽면에는 현재의 생산량을 표시하는 CELL Company Intranet System이라는 대형 스크린이 설치되어 있다. CELL Company Intranet System의 모니터 스크린에는 현재 각 구성원이 얼마만큼의 생산량을 달성했는가 하는 상황이 표시된다. 실시간으로 각 셀의 생산 진척 상황을 알려주는데, 목표생 캐논코리아 안산공장의 구성원들은 스스로에게 대단히 엄격하다.
남보다 뒤처지는 것을 부끄러워하지 않지만,
거기에 머물려고 하지도 않는다. 한 사람 한 사람이
하나의 라인을 책임지는 CEO라는 마인드로 업무에 임하고 있다.

산량을 초과했을 때는 초록색으로 표시되고, 미달되었을 때는 붉은
색으로 표시된다.

간혹 공장에 견학을 온 타 기업의 경영자나 실무자들은 이렇게 실
시간으로 감시해도 구성원들이 반발하지 않느냐는 질문을 하기도
한다. 하지만 이들이 모르는 사실이 한 가지 있다. 공장 벽면의 대형
스크린은 현장 구성원들의 요청에 의해 설치되었다는 점이다.

원래 CELL Company Intranet System은 현장의 리더들이 각 셀
을 관리하는 데 도움이 되도록 생산량을 모니터링해주는 시스템이
었다. 그런데 현장의 구성원들도 그 모니터를 수시로 볼 수 있게 해
달라는 요청이 쌓이기 시작했다. 그래서 회사에서는 현장 사람들이
제안한 기종별 모니터를 벽면에 설치해서 구성원 모두가 언제든지
볼 수 있도록 했다.

얼핏 생각하면 잘 이해가 되지 않는 상황이다. 구성원들 자신의
개인적인 작업 상황을 노출하게 되면 작업 속도가 더딘 셀은 눈총을
받을 수 있고, 작업 속도가 빠른 셀과 비교당하면서 현장에 위화감
이 조성될 수도 있다. 때문에 대형 스크린 설치를 요구하지 않았던

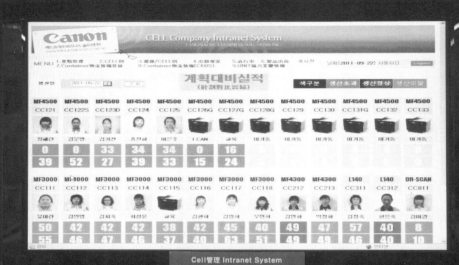

위의 수치는 목표량을, 아래의 수치는 현재 생산량을 표시한다. 생산 실적이 초과, 적정, 미만임에 따라 각각 초록색, 파란색, 붉은색으로 나타난다.

일부 구성원들 사이에서는 '회사가 나를 감시하려고 작정을 했구나.', '우릴 죽이려고 저걸 만들었구나.' 하는 우려와 불만이 쏟아지기도 했다.

하지만 실제로 시스템을 사용하면서부터는 불만을 품은 구성원들의 생각이 달라졌다. 실시간으로 본인이 작업하는 셀이 붉은색인지, 초록색인지를 모니터링하면서(붉은색은 실적 미달을, 초록색은 실적 초과를 나타내며, 파란색은 계획 대비 실적이 정상임을 나타낸다) 작업을 지연시키는 문제들에 신속하게 대응할 수 있고, 스스로 진척 상황을 조절하면서 다른 팀과 스피드를 맞출 수도 있다. 이인세 팀장은 "라인 생산량을 실시간으로 모니터링할 수 있고, 어떤 셀이 잘하고 있으며 그렇지 않은지 바로 확인할 수 있어서 팀의 전체 생산량에 차질이 생기지 않도록 즉각적으로 문제를 해결하는 데 편리하다."고 말한다. 결국 CELL Company Intranet System은 각 셀별로 선의의 경쟁을 유도하면서 생산성을 높이는 결과를 낳았다.

캐논코리아 안산공장 구성원들이 CELL Company Intranet System의 대형 스크린을 벽면에 설치해달라고 요청한 이유가 더욱 감동적이다. 그들은 상사들로부터 지적을 받기 전에 자신들의 수준을 직접 눈으로 확인하면서 스스로 더욱 엄격해지기를 원했다.

캐논코리아 안산공장 구성원들은 목표를 가지고 일을 할 때 성취욕을 가질 수 있다는 사실을 잘 안다. 그리고 목표 생산량을 초과 달성했을 때 회사로부터 인정받는 것을 즐긴다. 자신의 셀이 다른 셀보다 잘했을 경우에는 즐거움을 나누고, 생산량이 목표치에 도달하지 못했을 때에는 서로 다독이면서 힘을 내자고 의기투합한다. 그리고 CELL Company Intranet System은 구성원 본인의 현재 수준이나 자신의 능력을 궁금해 하는 신입사원들에게 가시적인 정보를 제공해주는 역할을 한다.

16

Chapter

오늘보다 더 비싸게
물건을 만드는 날은 없다

시간이 지날수록 시장의 경쟁 양상은 더욱 치열하게 전개된다. 그런데 캐논코리아 안산공장은 유사한 제품을 생산하는 다른 회사들하고만 경쟁하는 것이 아니다. 캐논의 일본 본사에서 100% 투자해서 설립한 중국을 비롯한 해외 공장들과도 다투어야 한다.

캐논은 일본, 미국, 유럽, 중국, 베트남 등 전 세계적으로 약 50개의 거점을 구축하고 있다. 이 모두가 캐논에서 100% 투자한 공장이다. 단, 예외가 있다. 바로 캐논코리아 안산공장이다. 캐논코리아 안산공장은 캐논 전체에서 유일한 합작회사인 동시에 판매, 생산, 개발 기능을 모두 보유한 곳이다.

캐논의 입장에서는 합작회사보다는 100% 자기네가 투자해서 세운 공장에 더 많은 일거리를 주는 것이 수익성 면에서 훨씬 유리하다. 특히 아시아 지역인 중국, 베트남의 공장은 한국보다 인건비가 훨씬 저렴하기 때문에 원가 경쟁력에서 우위를 점하지 않으면 이들과 경쟁하는 데 어려움을 겪을 수밖에 없다. 상황이 이러한데도 캐논코리아 안산공장의 주문 물량이 지속적으로 늘어나는 이유는 10,000~15,000명 인력으로 운영하는 중국 캐논보다 500명 인력이 제품을 생산하는 캐논코리아 안산공장이 싸게 만들면서도 품질이 뛰어나기 때문이다. 비용을 절감하면서도 뛰어난 품질을 유지할 수 있는 비결은 캐논코리아 안산공장만이 보유하고 몇 가지 창의적인 시스템 때문이다. 그중 하나의 예로 '다이렉트 출하방식'을 들 수 있다.

제조회사에서는 월 단위로 생산계획을 수립하고 이에 맞추어 제품을 생산하여 출하하는 것이 일반적이다. 캐논코리아 안산공장에서도 초기에는 이런 방식으로 계획을 세우고 생산량을 조절했다. 하지만 주문 물량이 늘어나면서부터 문제점이 나타났다. 당시 현장에서는 완성된 제품 포장 작업을 수동으로 진행했는데, 주문 물량이 늘어나면서 포장 작업 시간이 늘어났고 작업장의 피로도가 쌓이기 시작했다. 게다가 포장된 제품을 보관할 장소가 턱없이 부족했다.
상황은 점점 더 악화되었다. 월 단위로 수립하던 생산계획을 주 단위로 변화하면서 재고관리와 공장 공간을 확보하는 문제가 수면 위로 떠올랐다. 도저히 기존의 출하방식으로는 늘어나는 주문 물량에 대응한다는 것이 불가능했다.

이러한 문제점을 타개하고자 고안해낸 것이 다이렉트 출하 시스템이다.

다이렉트 출하 시스템이란, 말 그대로 생산과 포장이 완료된 제품이 창고를 거치지 않고 곧바로 출하되는 시스템을 의미한다. 생산이 완료된 제품의 외장박스를 포장한 뒤 팔레트 단위로 적재해서 도크에 올리면, 도크에서 미리 대기하고 있던 수출 컨테이너에 지게차로 바로 적재하게 된다. 오더 수량만큼 적재가 완료되면 컨테이너는 선적항을 향해 공장을 빠져나가고, 컨테이너가 빠져나간 자리에는 즉시 다음 출하할 지역으로 갈 텅 빈 컨테이너가 채워진다. 재고관리와 공간에 관한 고질적인 문제를 겪고 있는 대부분의 제조업체로서는 가장 이상적인 출하방식이라고 할 수 있다. 그렇다면 모든 제조업체의 이상적인 출하방식이라고 할 수 있는 다이렉트 출하 시스템을 왜 다른 회사에서는 쉽게 시행하지 못하는 것일까? 왜 캐논코리아에서만이 이런 시스템이 가능한 것일까?

이러한 프로세스가 완벽하게 움직일 수 있는 이유는 캐논코리아 안산공장의 각 팀이 제 역할을 충실히 해내고 있기 때문이다. 제품을 생산하는 각 셀에서는 적시에 계획된 수량만큼 생산을 완료하고, 포장을 맡은 팀에서는 빠른 시간 내에 완벽하게 포장을 끝내며, 운반을 맡은 사람들은 수출용 컨테이너를 제때에 공급해서 제품을 출하한다. 이처럼 톱니바퀴가 돌듯 작업의 각 공정이 딱딱 들어맞기

4 대기하고 있던 지게차가 제품별로 컨테이너 박스에 제품을 싣는다. 컨테이너가 가득 차면 공장 부두로 직행한다.

3 컨테이너 터미널로 제품을 올린다.

2 제품별로 구분을 하고 랩을 씌운다.

1 각 셀에서 완성된 제품이 포장
공정에 들어오면 곧바로 포장을 한다.

수출제품 재고율 '0'라는 경이적인 수치를 기록하게 만든
다이렉트 출하 시스템의 성공적인 안착은
캐논코리아 안산공장 각 구성원들이 자신에게 주어진 임무를
완벽하게 수행하기 때문에 가능한 일이었다.

때문에 제품이 창고를 거치지 않고 곧바로 출하할 수 있는 것이다.

캐논코리아 안산공장은 자신들에게 가장 적합한 시스템을 자체적으로 직접 설계했다. 이 과정에서 제품QA 안덕중 부장은 제품 포장 공정을 자동화하고 출하되는 제품의 품질을 보증하는 문제가 가장 큰 이슈였다고 한다.

우선, 제품 포장 공정을 자동화하기 위해서는 완성된 제품을 포장하고 그것을 컨테이너에 싣기까지의 과정을 어떻게 구성하느냐 하는 것이 가장 큰 숙제다. 캐논코리아 안산공장은 이 문제를 해결하기 위해 독자적으로 자동 포장 시스템과 컨테이너 상차 설비를 자체 개발하여 현장에 적용했다. 이 설비가 설치되면서 제품의 포장에서 컨테이너 적재까지의 속도가 획기적으로 단축되었고, 관련 작업자도 이전보다 훨씬 편하게 일을 처리할 수 있게 되었다. 포장 공정에서 투입하는 제품설명서와 기타 부속품에 대해서도 바코드 시스템을 적용하여 빠뜨리는 일이 없도록 사전에 예방하고 있다.

두 번째 해결해야 할 숙제는 제품의 품질을 보증하는 것이다. 제

품을 출하하기 전에 품질을 확인하기 위해서는 일정한 품질 보증 평가를 거쳐야 한다. 따라서 출하를 관리하고 승인하는 단계와 절차가 필수적이다. 그런데 이러한 과정은 시간과 노력이 많이 든다. 그래서 이에 대한 대책으로 제품 출하 정보 시스템을 개발했다. 캐논코리아 안산공장에서는 생산현황, QA평가현황, 출하현황을 네트워크 상에서 실시간으로 확인할 수 있다. 특히 QA평가 결과를 기본으로 출하 승인 시스템을 구축함으로써 제품의 품질 확인과 승인을 실시간으로 진행할 수 있기 때문에 제품을 곧바로 출하할 수 있다.

다이렉트 출하 시스템이 발휘하는 효과는 대단하다. 생산지원부 김선동 부장은 "제품 창고를 없애고 그 공간을 생산 스페이스로 전환했다는 점, 부품의 입고에서 제품 출하까지의 토털 리드타임을 단축했다는 점, 그리고 제품의 마지막 단계를 책임지는 포장 및 출하 작업자들의 품질의식을 고취시켰다는 점 등이 가장 큰 효과라고 생각한다."고 말한다.

수치를 통해서도 다이렉트 출하 시스템의 효율이 엄청나다는 사실을 알 수 있다. 2007년에 대비해서 2010년에는 월 생산량이 2배 이상 증가했음에도 작업자는 48명에서 19명으로 오히려 줄었다. 포장 제품을 보관하는 면적도 1,567m²에서 394m²로 약 5분의 4 가량이 줄어들었다. 처리 능률은 50만 대에서 250만 대로 5배 증가했다.

2007년 여름에는 공장 전체가 공사장을 방불케 할 정도로 공사를 많이 했다. 캐노피 확장 및 보수 공사, 수부창고 성능 개선 공사, 본

다이렉트 출하 시스템을 개발한 뒤 예전의 제품 적재공간을 생산공간으로 편입했음에도 현장에 휴식공
간을 조성할 만큼 여유가 생겼다.

동 1층 일체형 라인 조성 공사, 기타 인테리어 공사 등을 진행했다. 다이렉트 출하 시스템을 구축하기 위한 공사도 그중 하나였다.

이제는 부품의 입고부터 생산, 포장, 출하 공정이 한 라인으로 연결됨으로써 대기시간 없이 제품이 컨테이너에 상차된다. 당연히 수출제품의 재고는 '0'이다. 예전에는 제품이 대기하고 있었을 공간을 고스란히 생산라인으로 편입하면서 공간 활용 효율을 최대화되고 쾌적한 생산 환경을 조성할 수 있게 되었다.

시대와 환경에 부응해서 끊임없이 변화하는 캐논코리아 안산공장의 노력과 이를 수용하고 따르는 구성원들이 있기에 인건비가 저렴한 캐논 중국보다 제품을 더 싸게 만들어내는 경쟁력을 갖출 수 있었다. 그들에게 '오늘'보다 더 비싸게 물건을 만드는 날은 없을 것이다.

연말 마이스터와 마이다스를 시상하는 행사 중에

다스의 밤 축

솔루션(주) 안산공장

on

PART 3

구성원 감동이
고객가치 창조의
지름길이다

구성원의 숨겨진 역량 70퍼센트를 발휘하도록 만들기 위해서는
구성원 스스로가 발전하고 성장하고 있다는 사실을
느끼도록 만들어야 한다.
그것은 회사의 몫이다.

17

Chapter

스타상이
70%의 잠재역량을
발굴한다

기업을 비롯한 다양한 사회조직의 내부를 들여다보면 동료들 간의 경쟁이 과열된 나머지 아군끼리 소모전을 펼치는 경우를 종종 목격하게 된다. 동료가 잘못되어야 내가 상대적으로 높이 올라선다는 엄청난 착각을 하기 때문이다. 이 같은 행태는 성과주의의 개념에 대한 오해에서 비롯된다.

성과라는 것은 일을 통해서 달성하고자 하는 기대목표 혹은 가치기준을 의미한다. 구성원 각자가 책임져야 할 목표치를 사전에 리더와 약속하고, 그것을 실현하는 방법에 대해서는 구성원 스스로가 창의적이고 혁신적으로 고민하면서 사전에 약속한 목표치를 초과하는 성과를 창출하는 것이 성과주의의 기본정신이다.

경쟁해야 할 대상은 동료가 아니라 자기 자신이다. 남보다 높아지느냐, 뒤처지느냐 하는 문제로 비교우위를 따지는 것은 큰 의미가 없다. 순위에 집착하면 도토리 키 재기 식으로 당장의 승패에만 매달리면서 시야가 좁아지게 된다. 조직과 자신에게 득 될 것이 하나도 없다.

남들과의 비교는 외부적인 변수일 뿐이다. 중요한 것은 성과를 달성하는 데 있어서의 개인 기록이다. 그 기록이 결국 자신의 역량을 나타내는 지표가 된다. 만약 성과목표를 달성하는 데 부족한 점이 있다면 그것을 찾아내서 보완함으로써 역량이 향상되도록 학습해야 한다.

일과 역량은 상호보완적인 관계에 있다. 역량을 발휘함으로써 일의 완성도를 높이는 동시에 바로 그 일을 통해서 역량이 향상되기도 한다. 다시 말해서, 일을 통해서 자신이 가진 역량을 발휘하고 궁극적으로 성과목표를 달성해나가는 과정에는 필연적으로 '학습'이 수반될 수밖에 없는데, 일과 역량, 학습이 선순환구조로 연결되면서 스스로 발전하고 있음을 인식할 때 동기부여가 자연스럽게 이루어지는 것이다.

캐논코리아 안산공장은 구성원들이 회사에서 찾는 가치가 '월급'이 전부라고는 생각하지 않는다. 구성원들로 하여금 자신이 선택한 일을 통해 스스로 발전하고 있다는 생각을 심어주고 아울러 인생의 즐거움을 느끼게 해주는 것이 회사가 해야 할 일이라고 생각한다. 그래서 캐논코리아 안산공장은 구성원들이 내일, 5년 후, 10년 후

캐논코리아 안산공장은 구성원들이 스스로 성장하고 발전하도록
생애적인 관점에서 지원을 하고 있다. 이러한 회사의 지원 속에서
구성원들은 '장인'이 되기 위한 단련을 게을리 하지 않는다.
상황이 이러하다 보니, 캐논코리아 안산공장의 생산현장에는
제품 생산의 전 공정과 관리 · 물류 부문의 전 공정을 마스터한
전문가들이 즐비하다.

의 자기 인생을 기대하도록 만드는 몇 가지 제도를 도입하고 있다.
그 대표적인 예가 마이스터 제도와 마이다스 제도다.

마이스터 제도는 생산과정 직접부문의 멀티 플레이어를 양성하기
위한 인증 절차로, 조립공정의 습득 공수율과 기능, 이론 테스트 결
과에 따라 2급 마이스터, 1급 마이스터, 슈퍼 마이스터 등급으로 분
류된다.

마이다스 제도는 간접부문의 멀티 플레이어를 양성하기 위한 인
증 절차로, 혼자서 생산관리, 자재, 검사, 물류의 직무수행이 가능하
도록 훈련하는 제도다. 마이다스 제도 역시 2급 마이다스, 1급 마이
다스, 슈퍼 마이다스로 3등급을 두고 있으며, 엄격한 4가지 부문의
직무 테스트를 통해서 평가하게 된다.

기종장제도가 도입되기 전 물류관리 부문에서 일했던 박상근 대
리는 단순한 업무만 진행하면서 무료함을 느낀 적이 많았다. 단순히

" 회사가 끊임없이 저를 자극합니다. **"**

슈퍼 마이다스 박상근 대리

상급자의 지시만 따르면 되었기에 일을 할 때도 전혀 의욕을 느끼지 못했다.

하지만 기종장제도가 도입되고 마이스터 제도와 마이다스 제도가 생긴 뒤로는 슈퍼 마이다스가 되겠다는 목표를 갖고 공부를 하기 시작했다. 학교에 다닐 때는 지독히도 공부를 싫어했던 그가 새로운 목표를 가지면서 다시 책을 잡은 것이었다. 부족한 이론 지식을 채우기 위해 퇴근 후에는 사설 독서실에 처박혀서 책만 팠다. 가족들로부터 "어릴 때 그렇게 공부를 했으면 박사가 되었을 것"이라는 말이 나올 정도로 열심히 했다. 그의 값진 노력은 결국 슈퍼 마이다스 1등이라는 결과로 나타났다.

박상근 대리뿐만이 아니다. 캐논코리아 안산공장 구성원들 대부분은 여러 분야의 업무를 습득하고 공부하면서 실력을 쌓아나가고 있다. 회사에서는 구성원들이 깊게 파고들고 싶은 분야에 대해서 학습을 할 수 있도록 교육제도를 마련해두고 있다. 노력하는 만큼 인정을 받을 수 있는 여건이 형성되어 있기에 구성원들이 자발적으로 실력을 키우는 것이다.

마이스터와 마이다스 제도가 구성원 개개인에게 적용되는 프로그램인 데 비해 BEST CCO는 집단에 초점을 맞추고 있다. 생산성, 품질, 긴급발주, 개선제안, 생산혁신 각 분야의 점수를 산정해서 캐논코리아의 CCO(Cell Company Organization) 가운데 BEST CCO를 선정하여 인센티브를 주는 제도다. 그동안 생산현장에서 무의식중에 발생했던 기다림, 운반, 과잉제조, 동작의 낭비 등 무수한 낭비들을 CCO 내에서 서로가 적극적으로 제안하고 혁신을 실천한 결과, 2003년부터 2009년까지 파급된 기대효과를 재무적 수치로 환산했을 때, 약 38억 원에 달한다.

상급자가 지시하는 작업만 수행하면서 일에서 재미를 찾기란 거의 불가능하다. 사람들은 자신의 역량을 발전시킬 수 있는 회사를 원한다. 20대 초반의 어린 나이에 딱 1년만 돈을 벌겠다는 생각으로 캐논코리아 안산공장에 입사했던 문수경 씨는 어느덧 근속연수 10년을 넘겼고 제조팀의 그룹장까지 되었다. 공장에서 실행한 생산혁신제도와 차별화된 능력을 갖도록 독려하고 인정하는 마이스터 제도가 지금까지 그녀를 회사에 남아 있게 만든 가장 큰 원동력이다.

회사는 구성원들이 변화를 즐기고 지속적으로 무언가를 이루어내도록 자극을 제공해야 한다. 캐논코리아 안산공장은 마이스터와 마이다스로 대표되는 제도를 통해 구성원들이 성장할 수 있는 기회를 제공하고 있다. 이들 제도는 1년에 한 번 평가 기회를 갖는데 대부분의 구성원들이 마이스터와 마이다스가 되고자 노력한다. 상황이 이러하다 보니 전 공정을 책임질 수 있는 인재가 이렇게 많은 회사가 세상에 또 있을까 싶을 정도다. 그리고 각 CCO별로 독립된 하나의 회사라는 개념을 적용했기 때문에 CCO 간에 선의의 경쟁이 일기도 한다. 생산본부의 윤중원 부본부장은 이러한 제도와 장치가 구성원들 각자가 성장하는 밑거름이 되어 실력 있는 인재가 지속적으로 배출되고 있다고 말한다.

캐논코리아 안산공장 사람들은 1년에 한 번 대대적인 축제를 한다. '스타상 시상식'이 바로 그것이다.

한 해를 마무리하는 종무식과 함께 진행하는 스타상 시상식은 일년 동안 자신이 맡은 업무를 헌신적으로 수행하여 탁월한 성과를 창출한 구성원들을 대상으로 상을 수여하는 행사다. 신인상, 협력업체상, 감독상, 조연상, 주연상, 대상까지 캐논코리아 안산공장의 숨은 '스타'를 선발하고, 그 해의 마이스터와 마이다스도 뽑는다. 여기에 구성원들이 직접 인기투표를 해서 선발한 인기상, 얼짱상, 모태솔로상, 몸짱상, S라인상, 스마일상, 품절남녀상, 베스트 드레서, 일찍출근상, 금연상 등 35개 부문의 코믹상도 수여한다.

상품의 가격은 저렴하다. 구성원들은 상품의 금액에 의미를 두지 않는다. 그들을 웃게 만드는 것은 좋아하는 일을, 좋은 사람들과, 자신을 인정해주는 회사에서 할 수 있다는 사실 그 자체다. 역시 잘되는 회사는 뭘 해도 다르다는 생각이 든다. 대부분의 기업체 임원들은 아무리 물질적으로 큰 포상을 해주어도 직원들이 신바람 나게 일하지 못한다고 불만을 토로한다.

앞서 조직의 제도나 시스템이 끌어낼 수 있는 구성원 역량의 최대 범위가 30%에 불과하다는 사실을 지적한 바 있다. 나머지 70%의 잠재력을 발휘하도록 만드는 비결은 구성원이 스스로 발전하고 성장하고 있다는 사실을 느끼도록 만드는 것이다. 캐논코리아 안산공장은 구성원들이 자신의 역량과 가치를 키울 수 있는 기회를 마련해 주었고, 미래의 발전 가능성을 선물했다. 그리고 기업 차원에서는 그를 통해 경쟁력을 확보할 수 있는 지속가능한 인재 육성 경영을 실현하고 있다.

구성원을 움직이게 만드는 것은 제도와 시스템이 아니다. 돈은 더더욱 아니다. 그들 자신이다.

18
Chapter

장애사원이
진정한 글로벌 캐논코리아를
완성하다

1990년부터 우리나라에는 상시 근로자 수가 적정 인원 이상
이 되는 회사는 일정한 수의 장애사원을 의무적으로 고용해야 한다
는 법이 발효되었다. 만약 의무 고용인원에 미달할 경우 그 회사에
서는 해당 인원수에 비례하여 고용부담금을 물어야 한다.

그러나 현실에서 장애사원고용부담금제도의 실효성은 그다지 높
지 않다. 장애사원을 고용하느니 차라리 그냥 부담금을 내고 말자는
기업이 많기 때문이다. 연간 억대의 과태료를 내면서도 장애사원 고
용을 계속 외면하는 기업이 많다 보니, 그렇게 조성된 장애사원고용
부담금의 규모가 커져서 한국장애인고용촉진공단은 과태료로 운영
된다는 말이 나올 정도다.

그런데 장애인고용촉진법이 유명무실한 현실 속에서 캐논코리아

안산공장은 법이 정해놓은 법정 테두리를 훨씬 뛰어넘는 장애사원 고용비율을 보이고 있다. 복합기와 복사기 같은 정밀기계를 만들어 내는 회사에서 어떻게 이런 일이 가능할까 하는 의아한 생각이 들지만, 이 모든 일이 사실이다.

캐논코리아 안산공장의 생산현장에 들어서는 순간 눈에 띄는 문구가 있다. '아이 캔(I Can)'이다. '아이 캔'은 장애사원이 일하는 곳이라는 표지로, 간판에 새겨진 엄지, 검지, 새끼손가락을 편 로고는 수화(手話)로 '사랑한다'는 뜻이다. 현재 캐논코리아 안산공장의 22개 셀 단위 중에 6개 셀에 이 표지가 있다. 아이 캔 셀에서는 청각장애사원들이 생산 공정의 대부분을 맡고 있다. 소리를 듣고 판단해야 하는 기능 테스트 등은 비장애사원이나 청각에는 문제가 없는 지체장애사원들이 도와준다. 최첨단 제품을 생산해내는 공장에서 몸이 다소 불편한 장애사원들이 전체 구성원의 10%를 넘는다는 사실은 대단히 놀라운 일이다.

처음부터 캐논코리아 안산공장에 장애사원들이 함께했던 것은 아니다. 2008년 캐논코리아 전체의 장애사원은 6명으로, 법정 장애사원 의무 고용비율인 2.3%에 못 미쳐 1억 2,600만 원의 고용부담금을 냈다. 그로부터 2년이 지난 뒤에는 장애사원 고용비율이 법정 의무비율을 넘어 연간 6,000만 원 이상의 고용장려금을 받는 수혜 기업으로 상황이 바뀌었다.

캐논코리아 안산공장 사람들 중에 고용부담금을 내던 상황에서

I Can Cell 구성원들과 의사소통을 하기 위한 모니터

오히려 고용장려금을 받게 됨으로써 개선된 재무적인 숫자를 자랑스러워하는 이는 없다. 그들은 장애사원들과 함께 일하게 된 사실 그 자체가 기종장제도를 도입한 것보다 더욱 잘한 일인 것 같다고 입을 모은다.

캐논코리아 안산공장과 장애사원 구성원이 본격적으로 인연을 맺게 된 계기는 2009년 여름, 캐논코리아 김천주 대표이사가 한국장애인고용촉진공단과 장애사원 고용확대 협약을 맺으면서부터다. 김천주 대표이사로부터 고용확대 협약 이야기를 전해 들은 김영순 전무는 '우리 공장에서 과연 장애인을 채용할 수 있을까?' 하는 고민에 빠졌다. 법정 고용비율에 맞게끔 장애인을 고용하기 위해서는 장애인이 수행할 수 있는 직무를 개발하고 발굴해야 했기 때문이다. 그러다 문득 기발한 생각이 떠올랐다.

'청각장애인이라면 가능하지 않을까? 청각장애인은 우리와 말이 잘 통하지 않는 외국인과 같을 뿐이다. 우리 공장 셀 생산방식의 장점을 최대한 활용해서 장애사원만의 환경을 조성한다면 말이 통하지 않아도 도전해볼 만한 일이다.'

즉시 간부들을 소집했다. 그리고 지금부터 청각장애인을 채용하되, 채용 규모는 하나의 셀을 구성하는 데 필요한 인원을 전부 채용하자고 제안했다. 장애인을 고용하게 되면 계단을 고쳐야 하고 엘리베이터를 설치해야 하고 여러 가지 시설을 갖추어야 한다는 사실 때문에 처음에는 난색을 표했던 사람들도 제품을 조립하고 생산하는 데에 전혀 지장이 없는 청각장애인을 채용하자는 의견에는 수긍했다. 삐삐, 핸드폰 등이 있으니 문자를 주고받으면서 의사소통을 할 수 있고 같이 생활하는 데도 별다른 불편함이 없으니 크게 문제될 일이 없다고 생각했다.

사실 장애인과 비장애인이 한 팀을 이뤄 일을 진행하게 되면 기존의 구성원들이 수화를 못해서 일의 흐름이 끊기거나 소통시간이 지나치게 길어지면서 작업이 지체되는 현상이 생길지도 모른다고 우려하는 사람들도 있었다. 하지만 캐논코리아 안산공장에서는 의외로 쉽게 이 문제를 해결했다. 바로 기종장제도가 있기 때문이다. 기종장제도는 셀과 마찬가지로 소규모 집단으로 운영할 수 있다. 따라서 장애사원들끼리 일할 수 있도록 셀 팀으로 묶으면 수화를 통해 소통을 할 수 있기 때문에 작업을 하는 데 별 어려움을 겪지 않을 것이라고 보았다. 회사의 생산성을 높이기 위해 도입한 셀 방식과 기종장제도로 인해 소규모 단위별로 일을 할 수 있는 기반이 마련되었기에 가능한 시나리오였다. 이렇게 해서 장애사원들만의 셀 생산라인인 'I Can Cell'이 만들어지게 되었다.

캐논코리아와 한국장애인고용촉진공단에서 공동으로 장애사원 공개채용을 진행했다. 이렇게 해서 청각장애사원을 포함한 16명의 장애사원을 정규직으로 채용했다. 그리고 이들은 직업능력개발원의

'캐논 특별반'에서 6주 동안 생산용어와 전기·전자에 관한 기초교육과 실습을 마치고 캐논코리아 안산공장의 새로운 식구가 되었다. 이들은 회사에서 맞춤훈련을 받는 동안 손수 제작한 복합기를 자신들이 교육을 받았던 직업능력개발원에 기증하기도 했다.

장애사원을 채용한 초기에는 과연 장애사원들이 생산직에서 제대로 버틸 수 있을지, 일을 제대로 해낼 수 있을지 걱정을 하기도 했다. 하지만 그것은 쓸데없는 기우였다. 장애사원들은 자신들이 하고 있는 일을 진심으로 소중하게 여긴다. 일을 대하는 태도 역시 대단히 진지하다. 될 때까지 해보겠다는 열정을 갖고 일에 임하는 모습은 그 자체만으로도 숭고해 보인다. 그들은 다른 공장에 더 나은 자리가 있는지 기웃거리지도 않고, 다른 일을 시작해볼까 하는 고민도 하지 않는다. 자신이 하고 있는 일에 대해 정직하다. 그들의 열정과 사명감은 오히려 일반 구성원들보다 훨씬 강하다.

지각도 일절 하지 않는다. 무엇보다도 자존심이 무척 강해서 본인이 조립한 제품에 품질상의 문제가 발생하는 것을 견디지 못한다. 때문에 불량이 일어날 소지가 있는 일은 결코 얼렁뚱땅 넘어가지 않는다. 이렇게 열정적으로 작업에 임한 덕분에 그들은 입사 3개월 만에 비장애사원들과 대등한 수준에 이르렀다.

캐논코리아는 사실 장애사원들이 비장애사원들의 80% 능률만 보여도 된다고 기대하고 비장애사원 12명이 정원인 셀에 장애사원 16명을 배치했다. 하지만 석 달도 지나지 않아 예상은 보기 좋게 빗나

2009년, 한국장애인고용촉진공단과 장애인 고용 확대 협약식을 맺던 당시의 모습

2011 장애인고용촉진대회에서 사례발표를 하고 있는 캐논코리아비즈니스솔루션(주)의 김천주 대표이사

처음에는 장애인을 배려한다는 생각을 하기도 했다.
하지만 장애사원들은 비장애사원들과 동등한 능력을 보였고,
오히려 그들로 인해 공장 전체가 새로운 활력을 얻게 되었다.
장애사원들로 이루어진 I Can Cell은 소통방식이 약간 다를 뿐인,
여느 셀과 다름없는 셀로서 역할을 하고 있다.

갔다. 장애사원의 작업 능률이 비장애사원의 100%가 되다 보니 유휴 인력 4명이 발생했다. 그래서 8명을 더 채용해서 유휴 인력과 팀을 묶어 또 하나의 셀을 만들었다. 이렇게 해서 지금까지 모두 여섯 차례에 걸쳐 장애사원 83명을 채용했고, 이들 가운데 62명이 장애사원 혹은 비장애사원들과 팀을 이뤄서 생산라인을 지키고 있다. 장애사원 고용이 본격적으로 시작된 지 2년이 채 못 되어서 처음 계획보다 4배 이상으로 고용 규모가 확대된 것이다.

2009년 10월 7일, 캐논코리아 안산공장 사람들의 기억에 두고두고 가슴 뭉클한 사건으로 남을 일이 있었다. 16명의 신입 장애사원들과 그들의 가족 50여 명을 초청해서 입사 환영식을 가졌던 것이다.

"이제 걱정 끝내시고, 우리를 믿으십시오."

김천주 대표이사의 이 말이 나온 순간, 곳곳에서 울음이 터졌다.

"쟤를 두고 어떻게 눈을 감나 걱정했는데, 정말 감사합니다."

신입 장애사원들의 부모들은 환영식이 끝날 때까지 눈물을 훔쳤다.

집에서는 귀하게 대접받고 자란 자식이지만, 장애를 갖고 태어났다는 이유 때문에 밖에서는 무시당하거나 있어도 없는 듯 행동해야 했던 아들딸들이었다. 아이들에게 장애는 불편한 것일 뿐이지 불행한 것은 아니라고 이야기하면서도 속으로는 미안한 마음을 지울 수 없었을 것이다. 때문에 장애를 가진 아들딸이 평생직장을 갖고 당당하게 살아가게 되었다는 사실을 두 눈으로 직접 확인하면서 부모들은 기쁨의 눈물을 흘렸다. 자신의 자녀들이 사회에서 마음껏 일할 수 있도록 '날개'를 달아준 회사 사람들이 나라의 대통령보다도 더 고마웠을 것이다. 그런 부모들의 마음을 아는 주인공들은 지금까지 고생만 알고 사신 엄마아빠 그리고 가족을 행복하게 해줄 수 있다는 꿈을 가질 수 있게 되었다며 눈가의 눈물을 훔쳤다.

제조팀의 최상윤 셀장은 귀가 들리지 않는 청각장애인이다. 캐논코리아의 문을 두드리기 전까지 그에게 정상적인 사람들과 같이 취직해서 일을 한다는 것은 결코 이룰 수 없는 꿈이었다. 하지만 지금 그는 캐논코리아 안산공장에서 비장애사원들보다 더 열심히 일하며 내일을 위한 더 큰 꿈을 키우고 있다. 그는 자신이 셀장이라는 책임까지 맡으면서 일을 할 수 있는 것은 회사에서 자신과 같은 장애사원들을 보듬고 편하게 일을 할 수 있도록 제도를 개선해주었기 때문이라며 회사에 고마워한다. 그리고 그 고마운 마음을 일을 통해 회사에 보답하고 싶다는 포부를 밝혔다.

그에게는 새로운 희망이 세 가지나 생겼다. 첫 번째는 셀장으로서

캐논코리아는 얼마 전 일곱 번째로 장애사원들을 식구로 맞아들였다.
사진은 제7기 장애사원들의 입사환영식의 기념사진이다.

최선을 다해 I Can Cell을 더욱 우수한 셀로 만드는 것이고, 두 번째는 개인적으로 청각장애인이라는 핸디캡을 이겨내서 캐논코리아 안산공장의 슈퍼 마이스터가 되는 것이다. 현재 그녀는 1급 마이스터다. 세 번째 꿈은, 캐논코리아 안상공장의 장애사원들이 비장애사원들과 동등하게 일하는 것을 보면서 장애를 가진 사람들이 '나도 할 수 있다'는 희망을 가졌으면 하는 것이다.

대부분의 회사에서 장애사원들은 보조적인 업무를 수행하거나 단순한 일을 반복적으로 행하는 작업을 맡기 때문에 소속감이나 직무 만족도가 낮은 편이다. 장애사원과 비장애사원이 담당하는 역할과 비중에 차이가 있다면 같은 회사에 다닌다고 할지라도 동료의식이 희박할 수밖에 없다. 그럼에도 불구하고 일을 할 수 있는 장애사원들은 그래도 운이 좋은 편이라고들 한다.

하지만 캐논코리아 안산공장에서는 장애사원과 비장애사원이 하는 작업이 똑같다. 캐논코리아 안산공장이 몸이 불편한 장애사원들에게 일방적으로 베풀기만 하는 것은 결코 아니다. 처음에는 비장애사원의 80% 작업 능률을 기대했지만, 이제는 장애사원이라 할지라도 비장애사원과 똑같은 100%의 능률을 발휘해야 한다. 신체적 핸디캡을 극복하고 자기네와 똑같이 작업을 수행하는 장애사원을 보면서 비장애사원들은 그들로부터 일을 진심으로 대하는 태도와 열정을 배운다. 장애사원과 비장애사원 간에 좋은 기운이 순환하는 것

I Can Cell 구성원들과의 소통을 맡고 있는
최선미 그룹장은 수화교실 선생님을 하다가
캐논코리아 안산공장에 영입되었다.

I Can Cell 구성원과 이야기를 나누고 있는 김영순 전무

이다. 이러한 모습이야말로 함께 살아가는 사회의 진정한 모습일 것이다.

이 시간에도 캐논코리아 안산공장의 장애사원들은 비장애사원들과 멋진 '경쟁'을 하고 있다. 장애사원으로 구성된 아이 캔 셀이 만들어진 지 오래지 않아 Best Cell을 선정하는 사내 Best CCO 선발대회에서 아이 캔 셀이 준우승을 차지했다. 그리고 2010년 11월에는 우승 트로피까지 거머쥐었다. 이들의 성실한 근무태도는 비장애사원 동료들에게 귀감이 되고 있다. 비장애사원 동료들 중에는 수화를 익혀서 그들과 일상적인 대화를 하고 더욱 친해지려는 노력을 기울이는 이들도 적지 않다.

갈수록 중요시되고 있는 기업의 사회적 책임은 우리 모두가 함께 풀어야 할 숙제다. 일회적으로 기부금을 전달하는 방식을 넘어 보다 차원 높은 사회적 책임을 정립하는 데 더욱 정성과 노력을 기울여야 한다. 마음으로 사람의 역량을 인정하고 구성원들과의 조화 속에서 동반 성장하는 기업 모델이 절실하다. 그래서 캐논코리아 안산공장이 더욱 소중하다.

19

Chapter

역량이
계급과 가문을
초월한다

캐논코리아 안산공장 외주기술팀의 서세훈 팀장은 공업계열 고등학교를 졸업하자마자 D 중공업에서 일을 시작했다. 서 팀장은 비록 대학을 나오지 못했지만, 내심 꾸준하게 실력을 키우고 경험을 쌓으면 나중에 관리직에서 일할 수 있을 것이라는 꿈을 품고 있었다. 하지만 현장직에서 근무한 지 2년이 지났을 무렵, 그는 자신이 결코 현장직에서 벗어날 수 없다는 사실을 깨달았다. 현장직과 관리직 사이에는 너무나도 분명한 경계선이 놓여 있었기 때문이다.

또래 친구들이 대학 캠퍼스에서 낭만을 즐기며 공부를 하고 미래를 준비하는 시기에 그는 자존심에 흠집이 나고 마음에 상처를 입으면서 암울한 내일을 향해 다가갈 뿐이었다. 갈수록 깊어지는 고민과 혼란에서 잠시 벗어나기 위해 군에 입대했다. 군대에서 내린 결론은 제대하고 나서 새로운 회사를 찾아보자는 것이었다. 그렇게 해서 찾아간 곳이 캐논코리아 안산공장이었다.

그는 단 한 번도 자신의 선택을 후회한 적이 없다. 캐논코리아 안산공장은 학벌로 사람을 평가하지 않는다. 일한 것에 대해 공정하게 평가를 하고, 리더십이 있고 자질이 있다면 얼마든지 리더가 될 수 있다. 자신이 어떻게 하느냐에 따라 삶의 방향이 달라진다. 그래서 미친 듯이 일에 매달렸고, 팀장의 위치에까지 올랐다. 예전에 다녔던 회사에서는 꿈도 꾸지 못할 일이다.

생산직의 여사원들도 마찬가지다. 여자라고 해서 차별을 두지 않는다.

제조업은 다른 산업에 비해 조직 내 여사원의 존재감이나 역할의 비중이 미비한 편이다. 직무 자체가 단순하다. 사무직이라 해도 허드렛일을 맡는 경우가 많다. 그렇게 2~3년 정도 일하다가 결혼을 하면서 그만두거나 아이를 낳는 것과 동시에 회사를 떠난다. 자신이 하는 일에 자부심이나 흥미를 갖지 못하기 때문에 회사에서 스스로 성장하겠다는 생각을 아예 하지 않는다.

이것은 한 사람의 생애가 허비되는 것이다. 6개월을 일하든 1년을 일하든, 일을 하는 시간에는 분명 의미가 부여되어야 한다. 이를 위해서는 구성원들이 일을 하는 동안 유익한 경험을 할 수 있는 여건을 회사에서 조성해주어야 한다. 여사원들이 자신의 역량을 발휘하고 발전시킬 수 있도록 만들기 위해 캐논코리아 안산공장이 내놓은

기업의 구성원들을 가장 힘 빠지게 만드는 것은
제아무리 열심히 한들 자신이 도달할 수 있는 위치에는
한계가 있다는 사실을 인지하면서 일을 해야 하는 것이다.
학력과 성별을 비롯한 능력과 역량 외적인 요인으로 인해
승진의 한계에 부딪힐 수밖에 없다면,
그러한 구성원들은 결코 자신이 몸담고 있는 직장을
'평생의 일터'라고 여기지 않을 것이다.
회사의 비전이 구성원의 비전과 일치된 방향성을 가져야 하는 중요한 이유다.

첫 번째 해결책은 지금 그들이 하고 있는 일이 얼마나 흥미로운 것
인지를 알게 하는 것이었다. 이 일에는 공장의 책임자인 김영순 전
무가 자원했다.

김영순 전무는 여사원들과 함께 공장 구석구석을 돌아다니면서
부서가 왜 지금처럼 배치되었는지, 그동안 회사가 어떤 과정을 거쳐
왔는지 공장 곳곳에 담겨 있는 '이야기'를 들려준다. 그리고 회사가
구상하고 있는 비전을 제시하고 타 기업에서 견학을 왔을 때의 에피
소드를 이야기해주기도 한다. 여사원들은 김영순 전무와 함께 '투
어'를 하면서 회사의 역사와 발자취에 대한 설명을 들으며 회사라는
대상에 감정이입을 하게 된다. 이 일은 처음에 이벤트성으로 진행했
지만, 지금은 정례화해서 지속적으로 운영하고 있다.

그리고 김영순 전무는 여사원들도 기능을 갖추어야 한다는 생각

을 갖고 직접 교육을 실시하기도 했다. 김영순 전무가 과장 시절에 있었던 일이다. 그는 여사원들의 능력을 향상시키기 위해 여사원들을 직접 가르쳤다. 업무에 지장을 줄 수 없어서 교육은 퇴근 시간 후에 이루어졌다. 교육을 시작한 초기에는 개인 시간을 반납해야 하는 여사원들의 불평이 쏟아지기도 했다.

하지만 교육을 실시하고 하루 이틀이 지나면서 여사원들의 눈빛이 달라지기 시작했다. 전기 테스트 기기를 어떻게 사용하는지, 기계를 조립하고 작동하는 데 기본이 되는 전자공학의 원리는 무엇인지 하나둘 알아가면서 여사원들은 점점 더 김영순 전무의 강의에 빠져들었다. 더욱이 회사의 관리자가 직접 자신들을 위해 특별히 시간을 내어 교육을 시키고 실습을 해 보이는 모습을 보면서 고마움을 느꼈다.

김영순 전무의 교육은 시간이 지나면서 현장의 변화로 이어졌다. 그 전에는 공정 중에 문제가 발생하면 현장 관리자에게 알리고 기술자가 문제를 해결해줄 때까지 기다리는 것이 여사원이 할 수 있는 것의 전부였다. 그런데 교육을 받은 뒤부터는 부품을 조립하는 라인에서 왜 문제가 발생했는지, 어떤 공정 과정에서 에러가 난 것인지 적극적으로 찾아내기 시작했다. 기계 조작에 재능이 있는 어떤 여사원은 머릿속의 기억을 떠올리며 드라이버를 들고 들러붙어서는 직접 문제를 해결하기까지 했다. 지금 캐논코리아 안산공장에서는 남녀를 불문하고 업무의 한계가 없다. 남자가 할 수 있는 일은 여자도

할 수 있으며, 남자가 해야 할 일은 여자도 해야 한다는 것이 기본상식으로 굳어져 있다.

제조팀의 허연희 사원은 캐논코리아 안산공장이 생긴 이후 여사원으로서는 최초로 일본에 조립연수를 받으러 가는 영광을 누렸고, 제조팀의 김현희 사원은 4년 연속 마이스터 우승자 자리를 지키고 있다.

특히 김현희 사원은 캐논코리아 안산공장에서 가장 유능한 슈퍼 마이스터로 인정받고 있다. 그녀는 22살이라는 어린 나이에 셀장이라는 직책을 맡았다. 셀장을 맡게 되면서 기쁘기도 했지만 막중한 책임감 때문에 두려움과 부담을 동시에 느꼈다. 하지만 그녀는 회사의 기대에 부응하듯 보란 듯이 리더로서의 역할을 제대로 수행해냈다. 결근하는 멤버가 있으면 자신이 그 빈자리를 채워 제품 생산에 차질이 없도록 했고, 제품을 조립하면서 문제가 발생하면 재빨리 문제점을 파악하여 해결했다. 그렇게 묵묵히 리더로서의 역할을 충실히 수행하는 동안 자신의 역량도 키울 수 있었다. 그러한 노력이 있었기에 4년 연속 마이스터 우승자가 될 수 있었다. 이제 김현희 셀장에게는 더 큰 목표가 생겼다. 자기네 셀을 캐논코리아의 BEST Cell로 만드는 것이다.

캐논코리아 안산공장은 생산라인 구성원들에게 1년에 한 번 일본으로 연수를 갈 수 있는 기회를 준다. 임원이나 전략 · 기획부서 등 회사 내에서 브레인 역할을 하는 구성원이 아니라 생산라인 구성원

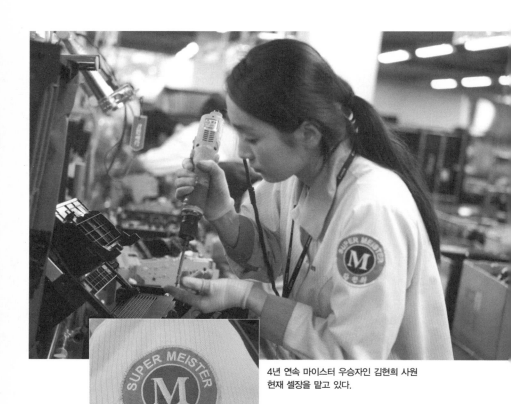

4년 연속 마이스터 우승자인 김현희 사원
현재 셀장을 맡고 있다.

에게 해외연수 기회를 준다는 것은 일반적인 기업의 관행으로 보았을 때는 대단히 이례적인 일이다.

캐논코리아 안산공장 생산라인의 구성원들도 처음에는 일본 연수를 앞두고 두려움이 많았다. 과연 내가 일본에 가서 생산혁신 기술을 제대로 배워올 수 있을까, 일본어를 못하는데도 괜찮을까, 과연 대학을 나오지 못한 내가 잘할 수 있을까…….

하지만 이미 회사에 다니는 동안 스스로 실력을 쌓고 충분히 교육을 받은 덕분에 그들은 연수 기간 동안 적응을 잘할 뿐만 아니라 자신이 가진 역량을 십분 발휘한다고 한다. 그리고 해외 연수에 다녀온 뒤로는 자신이 점점 더 성장해가고 있다는 사실에 확신을 갖게 되고, 그만큼 자신감도 커진다. 뿐만 아니라 신입으로 들어온 후배들에게는, 열심히 하기만 하면 회사에서 인정받을 수 있고 해외에 공부하러 갈 수도 있다는 롤 모델이 되면서 구성원들이 업무에 더욱 정진하는 좋은 계기가 되고 있다.

대부분의 기업체에서 생산현장의 구성원들과 직급이 낮고 역할 비중이 낮은 구성원들은 자신에게 학벌과 인맥이 없다는 이유로 승진이나 더 나은 대우를 받으면서 일할 수 있는 기회를 스스로 포기해버린다. 하지만 캐논코리아 안산공장의 김영순 전무는 이렇게 말한다.

"부정적인 생각은 자신과의 싸움에서 패배한 결과물입니다."

부정적 생각은 앞으로 나아가려고 노력하지 않는 자신을 합리화하기 위한 핑계의 말들을 모아놓은 것이라는 게 김영순 전무의 생각이다. 밑바닥에서 일한다는 것이, 고등교육을 받지 못했다는 것이 콤플렉스가 될 수 있다. 그러나 남과 비교하면서 자신을 하찮은 존재로 깎아내려서는 결코 성장과 발전을 이룰 수 없다.

진정한 용기는 자신의 핸디캡과 콤플렉스를 뛰어넘겠다는 의지와 행동에서 비롯된다. 용기를 가진 사람만이 진정한 열정을 가질 수 있다. 이렇게 했을 때 자신의 분야에서만큼은 최고가 되겠다는 꿈을 품을 수 있다. 그리고 회사는 낮은 직급의 구성원들이라도 열정을 갖고 최선을 다한다면 더 나은 내일을 만들 수 있다는 희망을 심어주어야 한다.

김영순 전무가 제조부장이 되었을 때의 일이다. 진급심사를 하러 본사에 갔다. 그런데 영업이나 A/S 파트에 배치된 구성원들에 비해 제조현장에서 일하는 구성원들의 진급률이 턱없이 부족하다는 사실을 알고는 임원들에게 항의를 했다. 그때 본사 사람들 입에서 나온 말이 김영순 전무의 심기를 건드렸다.

"현장 사람들 진급시켜서 뭐 합니까?"

곧장 사장실로 달려갔다. 한바탕 난리가 났다.

"그러면 그 하찮은 일을 하는 사람들이 만들어낸 물건 팔아서 진급하는 인간들은 도대체 누굽니까? 그 하찮은 일 하는 사람들이 물건을 만들어내지 않으면 무엇을 팔고 A/S를 합니까? 우리 회사에 인도처럼 카스트제도가 있는 것도 아닌데 왜 차별을 합니까?"

가슴속에 맺혀 있던 말들이 한꺼번에 쏟아져 나왔다.

이제는 캐논코리아 안산공장뿐만 아니라 캐논코리아비즈니스솔루션(주) 전체 구성원들은 제조현장의 중요성을 누구보다도 잘 인식하고 있다. 아니, 지금 제조부서는 캐논코리아의 모든 조직이 부러워하는 조직이 되었다.

구성원들은 회사가 자기 편이라는 사실을 아는 것만으로도 신바람 나서 일을 한다. 회사가 자신들의 마음을 알아주고 챙기는 모습을 확인하면 나머지는 스스로 알아서 한다. 리더보다 10배, 100배 더 고객을 생각하면서 제품을 만들어낸다. 이런 마인드를 가진 구성원들과 그렇지 못한 구성원들이 만들어내는 결과의 차이는 엄청나다.

구성원들의 의욕을 꺾는 순간 회사의 미래도 꺾인다. 하지만 구성원의 기를 살려주는 회사는 구성원들과 함께 지속적으로 발전하고 성장한다.

20
Chapter

캐논코리아
안산공장 사람들은
모두가 쌍둥이다

제조팀의 유미란 씨는 2007년에 캐논코리아 안산공장에 입사했다. 다른 곳과는 달리 이름부터 생소한 '셀 방식'으로 생산을 한다는 사실을 면접 때 듣기는 했지만, 그것이 정확하게 무엇을 의미하는지 그때는 알지 못했다. 신입 시절에는 선임사원들이 작업하는 모습을 훔쳐보며 그들이 하는 대로 따라하는 데 급급했다. 자신이 달성해야 할 하루 목표량도 알지 못했고, 옆 라인의 상황이 어떠한지 파악할 수 있는 여력도 없었다.

한 해 두 해 근무하면서 어느 정도 기술이 손에 익을 무렵, 공장은 점점 늘어나는 생산 물량에 맞추어 라인을 전체적으로 개편했다. 이때 유미란 씨로서는 생각지도 못했던 '셀장'이라는 직함을 갖게 되었다. 대학 아르바이트생과 고등학교 실습생을 중심으로 구성된 교육 셀의 책임자가 된 것이다.

처음에는 신입들을 대상으로 어떻게 교육을 해야 할지 몰라서 작업 순서와 방법을 알려주는 데 그쳤다. 작업 속도가 느린 교육생이 있을 때는 곁에서 작업을 같이 하면서 돕기는 했지만, 작업을 빨리 하는 방법을 교육생 스스로 터득할 수 있도록 도와주지는 못했다. 그러자 애초에 셀이 계획했던 생산목표에 미달하고, 하루에도 몇 건씩 불량 제품이 나오기도 했으며, 그런 와중에 종종 셀 멤버들과도 마찰이 생기고는 했다.

셀장은 셀의 능률과 제품 품질, 작업환경, 인원 등을 꼼꼼하게 관리해야 한다. 하지만 유미란 셀장으로서는 미처 준비가 되지 않은 상태에서 그 모든 것을 책임져야 했기 때문에 어려움이 많았다. 그리고 자신이 리더로서 하나의 팀을 이끌고 나간다는 것은 한 번도 생각해본 적이 없었기 때문에 갑작스럽게 자신에게 주어진 역할이 꽤나 부담스러웠다.

하지만 유미란 셀장은 회사에서 자신에게 이 역할을 맡긴 데에는 분명 이유가 있을 거라고 생각했다. 그래서 처음부터 다시 차근차근 생각해보았다.

'현장에 셀 방식을 도입한 이유가 무엇일까? 셀원들을 어떻게 교육해야 하지? 나는 팀장님이나 선배님들에게서 어떻게 배웠지?'

각 공정의 효율적인 작업방법과 올바른 교육방법을 알아내기 위해서는 현장을 보다 잘 알아야 했다. 유미란 셀장은 자신이 지금까

" 후배들이 힘들 때 찾아가고 싶은
선배가 되고 싶습니다. **"**

제조팀의 유미란 사원

지 현장에서 일하면서도 그런 부분에 소홀했음을 깨달았다. 그래서 그녀는 작업자의 빈자리가 생기면 일부러 공정에 들어가 작업을 하면서 효율적인 작업방법을 체크하고, 전후 공정 작업자와 어떤 협력이 필요한지에 대해서도 하나씩 확인해나갔다. 이 과정을 통해서 유미란 셀장은 셀원들의 입장과 역할을 다시 한 번 이해하게 되었다. 그리고 그녀는 기술적인 노하우를 가르치는 것도 중요하지만, 먼저 구성원들과 자신 사이에 인간적인 유대가 형성되어야 한다는 사실을 깨닫게 되었다.

유미란 셀장은 자신이 익힌 노하우들을 교육생들에게 전해주는 한편, 일하는 삶에 대한 의미를 깨우쳐주었다. 구성원들과 마음이 통하자 이후부터는 말하지 않아도 구성원들 스스로가 자신들이 해야 할 일을 파악하고 움직였다. 지금은 새로운 교육생이 셀에 들어오면 기존의 셀원들이 셀장의 역할을 분담해서 자체적으로 교육을 실시하는 등 큰 도움을 주고 있다.

어느 조직에나 리더는 존재한다. 좋은 리더는 구성원들과 입장을 바꾸어서 생각하고 이해한다. 좋은 리더는 훗날 자신의 구성원들이 리더로서 역할을 해낼 수 있도록 도와주고 격려해준다. 구성원들은 그 리더의 모습을 통해서 자신의 미래상을 그린다. 유미란 셀장은 셀원들이 자신을 통해 셀장으로서의 꿈을 갖기를 바라며 오늘도 셀원들과 함께 땀을 흘리고 있다.

캐논코리아 안산공장 사람들은 선배를 자신의 역할 모델로 삼고,

자신 역시 후배의 모델이 되고자 노력한다.

동료를 눌러야 내가 앞선다는 식의 소모적인 내부경쟁이 전혀 없다.

캐논코리아 안산공장 구성원들은 자신들의 경쟁상대가

외부와 시장에 있다는 사실을 명확하게 인지하고 있다.

캐논코리아 안산공장이 기종장제도를 도입할 당시에 강래민 과장은 제조팀 기종장이라는 직책을 부여받았다. 따라서 제조뿐만 아니라 간접부문으로까지 업무를 확대해야 했다. 책임이 큰 자리인 만큼 부담이 컸지만, 회사로부터 인정을 받아 이제부터 한 기종의 책임자로 새롭게 출발한다는 기쁨과 설렘도 컸다.

강래민 기종장은 팀원들과 같이 도우며 가족처럼, 형제처럼 일했다. 능률과 성과를 높이는 것은 감시와 강요가 아니라, 존중과 배려라는 사실을 그동안 캐논코리아 안산공장에서 일하는 동안 깨달았기 때문이다. 그렇게 즐겁게 일했을 뿐인데, 사내 CCO 평가에서 여러 번 1등에 오르는 쾌거를 이루었다.

그러던 중 캐논코리아 안산공장의 주력기종인 MF4500 계열로 보직이 변경되었다. 그동안 함께했던 CCO 동료들이 감격스러운 송별식을 마련해주었다. 자신을 믿고 따라와 준 팀원들이 눈물 나도록 고마울 따름이었다.

그런데 그가 주력기종을 담당하면서부터는 신경 써야 할 일이 몇

배 더 많아졌다. CCO 산하의 셀도 많았고, 그런 만큼 인원도 많았다. 그동안 비교적 규모가 작은 CCO를 맡으면서 해왔던 일들과는 업무의 성격부터 달라 보였다.

강래민 기종장은 자신이 이렇게 규모가 큰 CCO를 맡을 역량이 충분한지 스스로에게 물었다. 선뜻 "그렇다"라는 대답이 나오지 않았다. 그렇게 몇 날 며칠 아무도 몰래 끙끙 앓다가 어느 날 결론을 내렸다. 그가 내린 결론은 '지금까지 하던 대로 한다'였다. 지금까지 해온 대로 구성원들의 마음을 헤아리고 진정성을 갖고 다가간다면 서로 통할 것이고, 그러면 자연스럽게 성과를 창출할 수 있을 것이다!

일과가 시작되면 라인을 순회하면서 아픈 사람이 없는지, 구성원들의 컨디션이 어떤지 살폈다. 작업을 하는 데 있어 문제점이 있으면 구성원들이 기탄없이 이야기할 수 있도록 자신부터 마음을 열었다. 때로는 지치고 힘들 때도 있었지만, 그런 날에 오히려 그는 더욱 밝은 모습을 보이려고 애썼다. 지금까지 회사로부터 받은 그대로 자신의 구성원들에게 돌려준 것이다.

그해 연말 스타상 시상식에서 그는 대상을 받았다. 함께 일하는 구성원들이 열심히 해서 좋은 성과가 나온 것인데, 자신이 대표로 상을 받게 되어 미안하다고 수상소감을 밝혔다. 동료들은 그를 위해 박수를 아끼지 않았다.

자신이 남들보다 높은 위치에 있다고 해서 우쭐해하거나 강압적

感 謝 牌

캐논코리아비즈니스솔루션(주)생산본부장 김 영 순

2010年 11月 25日

캐논코리아비즈니스솔루션(주) 직원일동

여기에 또 하나의 특별한 상이 있다. 캐논코리아 안산공장 구성원들이 김영순 생산본부장에게 수여한 감사패와 미니 어처. '오늘이 일 년 가운데 가장 좋은 하루이며, 본부장님과 함께하는 지금이 가장 좋은 순간입니다.'라는 문구가 눈에 띈다.

으로 명령하지 않고 셀원들과 공감할 수 있는 접점을 찾고자 애쓰는 캐논코리아 안산공장의 리더들을 보면, 캐논코리아 사람들은 서로가 서로를 닮아가고 있다는 생각이 든다. 팀장으로서, 기종장으로서, 셀장으로서 자신들이 어떻게 리더십을 발휘해야 할 것인가를 선배를 보며 배우고, 구성원들은 팀장, 기종장, 셀장을 보면서 그들 나름대로 그들을 닮아간다. 동시에 구성원들은 함께 일하는 리더들을 보면서 언젠가 자신이 리더가 되었을 때 어떠한 모습의 리더가 될 것인가를 머릿속에 그린다.

리더는 특별한 사람이 되는 것이 아니다. 한 분야에서 경험을 쌓아가다 보면 누구나 리더가 될 수 있는 기회가 온다. 하지만 가까이 있는 사람들로부터 마음 깊이 인정받는 리더가 되기란 무척 힘든 일이다. 대부분의 기업에서는 리더들에게 구성원들을 통제하고 관리하는 역할을 하기를 기대하기 때문이다.

부하직원을 통솔하기 위해 리더가 강렬한 카리스마를 지녀야 한다고 생각하는 것은 일종의 착각이다. 리더는 높은 위치에서 강압적으로 시키고 명령을 내리는 권력을 즐기는 사람이 아니다. 구성원들을 존중하고 그들의 잠재력을 알아봐주고 이끌어주면서 스스로가 '역할 모델'이 될 수 있어야 한다.

캐논코리아 안산공장 사람들은 자기네들이 닮고 싶은 리더를, 유명 기업인이나 해외의 이름난 CEO가 아니라 공장에서 함께 땀 흘리며 일하는 리더들에게서 뽑는다. 그러면서 자신의 롤 모델과 함께 일을 하고 있는 자신이 억세게 운 좋은 사람이라고 말한다.

  결국 셀 생산방식은 수단이었다.

  캐논코리아 안산공장이 셀 시스템을 통해서 만들고자 했던 회사의 이상적인 모습과 궁극적인 목적은 구성원들이 자신의 역량을 마음껏 발휘하고 꾸준히 성장할 수 있는 기반을 마련하는 것이었다.

  오늘까지의 캐논코리아는 그 궁극적인 목표에 성공적으로 다가가고 있다. 그리고 앞으로도 구성원이 중심이 된 변화와 혁신을 통해 더 멋진 내일을 만들어갈 것이다.

21
Chapter

구성원들의
행복한 표정에서
천국의 모습을 보다

10년 전 캐논코리아 안산공장이 그룹 감사를 받았을 때의 일이다. 그룹에서 감사를 하기 위해 파견 나온 실무자들은 실태 파악을 위해 구성원들과 인터뷰를 하는 과정에서 상식적으로 이해가 되지 않는 반응들을 접했다. 생산현장의 구성원들이 하나같이 밝은 표정으로 이렇게 대답한 것이다.

"저는 우리 회사를 다니는 게 행복합니다. 너무 너무 즐겁고 기쁩니다."

하루하루 바쁘게 돌아가는 생산현장은 고된 노동을 감수해야만 하는 곳이다. 한정된 근무시간 안에 생산해내야 할 제품의 양이 이미 정해져 있기 때문에 근무시간 동안에 딴전을 피우면 바로 티가 난다. 시간당 평균으로 생산해내는 물량을 계산할 수 있어서 그 사람이 오늘 하루 제대로 일을 했는지, 혹은 빈둥거리며 놀았는지도 곧바로 알 수 있다.

생산 주문이 갑자기 증가하거나 업무가 밀리는 날에는 며칠 동안 야근을 해서 주문량을 맞추어야 한다. 게다가 생산현장에서는 사고가 발생하면 인명 피해가 날 수 있기 때문에 안전사고를 예방하기 위해서 분위기가 대단히 엄격하다. 더욱이 캐논코리아 안산공장은 생산현장 중에서도 엄청난 생산량을 기록하는 치열한 곳이다. 세계 각처에서 쏟아져 들어오는 주문에 맞춰 제품을 만들어내야 하기 때문에 업무강도가 상대적으로 셀 수밖에 없다.

때문에 그룹 차원에서 감사를 나온 실무자들은 당연히 생산현장의 구성원들로부터 회사에 대한 불평과 불만이 쏟아질 것이라고 예상했다. 그런데 불평불만은커녕 엉뚱하게도 현장 구성원들의 '회사 예찬'이 끊이지 않은 것이다. 한두 명에 그치지 않았다. 인터뷰를 할 때마다 사람들이 똑같이 밝은 표정으로 같은 말을 되풀이했다.

혹시 인터뷰를 하기 전에 교육을 받은 것일까? 그런 의심이 들지 않은 것은 아니지만, 감사를 하는 실무자들은 안다. 게다가 감사를 받는다고 하면 대부분의 사람들은 잘못한 것이 없으면서도 긴장하기 마련이다. 캐논코리아 안산공장 사람들은 진실을 말하고 있었다.

다른 회사보다 작업 강도가 2~3배 높음에도 불구하고 어떻게 캐논코리아 안산공장 사람들은 회사 다니는 것이 마냥 행복하고 기쁘다고 말하는지 상식적으로 이해하기가 어려웠다. 감사 실무자들은 직접 구성원들에게 그 이유를 물었다. 그렇게 해서 구성원들의 입에서 나온 생생한 목소리가 그룹에서 화제가 되어 퍼져나갔다. 결국에는 구성원들의 이 인터뷰 덕분에 캐논코리아 안산공장은 그룹 회장으로부터 표창장을 받았다. 구성원들은 회사에서 일하는 것을 행복해하고, 회사는 그런 구성원들 덕분에 시장에서 입지를 넓혀나갔으며 상까지 받게 된 것이다. 회사와 구성원의 상호 협력공동체로서 이보다 뛰어난 모델이 있을까.

"너무 감동적입니다. 정말 많은 것을 배우고 갑니다."

캐논코리아 안산공장으로 견학을 온 방문자들이 저마다 떠나기 전에 간단한 소감을 들려주었다. 그런데 다들 이구동성으로 같은 이야기를 했다. 초기에는 한결같은 반응 때문에 예의상 칭찬을 하는 것이 아닐까 생각했지만, 시간이 지나면서 캐논코리아 안산공장 사람들도 그들이 진심으로 그런 말을 한다는 사실을 알게 되었다.

"이렇게 밝고 활기찬 공장은 처음 봅니다. 여러분처럼 회사에서 즐겁게 일하는 사람들은 다른 곳에서는 전혀 볼 수가 없었습니다. 제가 일하는 회사도 캐논코리아 안산공장처럼 웃으면서 일할 수 있는 곳이 되었으면 좋겠습니다. 그 부분이 가장 배우고 싶은 점이지만, 넘어야 할 산이 참 많을 것 같습니다."

그들이 진정으로 감탄하고 부러워하는 것은 회사의 시설이나 구조물이 아니다. 캐논코리아 안산공장 사람들의 웃는 얼굴이다. 당시

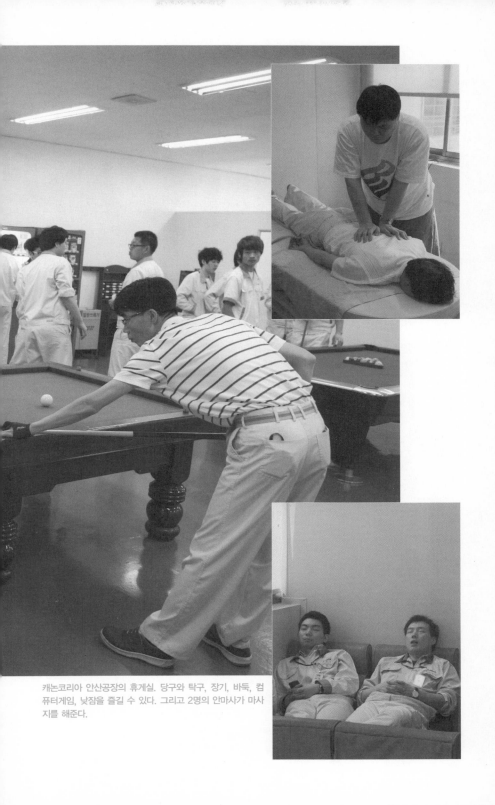

캐논코리아 안산공장의 휴게실. 당구와 탁구, 장기, 바둑, 컴퓨터게임, 낮잠을 즐길 수 있다. 그리고 2명의 안마사가 마사지를 해준다.

에 캐논코리아 안산공장 사람들은 다른 회사의 생산현장에서 일하는 사람들이 어떤 표정으로 일을 하는지 알지 못했다. 그래서 견학을 온 사람들이 자신들을 보고 부러워하는 이유를 정확하게 알 수 없었다. 캐논코리아 안산공장의 분위기가 밝다고 하니, 그저 '그런가 보다'라고만 생각했다. 특히 캐논코리아가 첫 직장인 사람들은 웃으면서 즐겁게 일하는 것이 당연하다고 여겼다.

생산기술팀 정해경 팀장은 국내의 한 대기업 공장으로 견학을 간 적이 있다. 이름만 대면 누구나 알 만한 큰 기업의 생산현장이었기에 기대감이 컸다. 그런데 가이드의 안내에 따라 공장을 둘러보던 정해경 팀장은 적이 실망하지 않을 수 없었다.

과연 여기가 국내에서 알아주는 대기업의 생산현장이 맞나 싶을 정도로 분위기가 어두웠다. 근무환경 역시 그다지 좋아 보이지 않았다. 억지로 끌려나온 것처럼 사람들의 얼굴에는 짜증이 가득 묻어났고, 기계적으로 자신에게 주어진 공정만 수행하고 있을 뿐이었다. 일에 대한 의욕이나 목표도 없이 무표정한 모습으로 기계적으로 움직이는 사람들을 보면서 안타까운 마음마저 들었다.

정해경 팀장처럼 외부 기업을 견학해봤거나 다른 기업에서 근무해본 경험이 있는 사람들은 캐논코리아 안산공장이 여타의 기업과 얼마나 다른 회사인지 절실히 느낀다.

요즘처럼 취업경쟁이 치열한 사회구조 속에서는 당장 일자리를 구하는 것이 급선무이기 때문에 대부분의 젊은이들이 이런 생각을

한다. '나를 뽑아주는 회사만 있으면 누구보다 열심히 일할 텐데……. 제발 나를 뽑아주었으면…….'

하지만 막상 자신이 선택한 회사에서 일을 하고 있음에도 많은 사람들이 표정을 잃어버린 채 일을 한다. 특히 생산현장에서는 물리적인 업무가 고되다 보니 표정이 어둡기까지 하다. 치열한 경쟁을 뚫고 일자리를 얻었으면서도 즐거운 마음으로 일을 하지 못한다는 현실이 안타깝다.

반면에 캐논코리아 안산공장은 살아 있는 생명체처럼 꿈틀거린다. 구성원들의 꿈이 꿈틀거리고, 리더와 구성원 사이의 동지애가 꿈틀거리며, 보다 나은 내일을 만들겠다는 열정이 꿈틀거린다. 그 역동적인 기운 속에서 지금도 캐논코리아 안산공장 사람들은 웃는 얼굴로 일을 하고 있다. 구성원을 위하는 회사, 회사를 진정 아끼는 구성원들이 마음을 모으고 있기에 그들의 얼굴에서는 웃음이 그치지 않을 것이다. 대한민국 제조업, 아니 전 세계 생산현장의 이상적인 모습이 캐논코리아 안산공장에서 만들어지고 있다.

캐논코리아 안산공장의 셀 라인 모습

현장 작업자들에게도
'돈'과 '권력'과 '명예'가
반드시 필요하다

단순히 '주인의식'이 강한 구성원이 아니라,
그들을 회사의 진짜 '주인'으로 만들어야 한다.

아무리 멋진 비전과 원대한 목표, 훌륭한 전략과 계획을 세운다고 하더라도 그것이 실행으로 이어지지 않으면 아무런 소용이 없다. 목표를 달성하기 위해 계획을 실행하는 사람들은 고객접점에 있는 현장의 구성원들이다. 그래서 계획을 제대로 실행하기 위해서는 실행의 주체인 현장 실무자들의 역량을 향상시키고 동기부여를 하는 것이 무엇보다도 중요하다. 그런데 현장 구성원들의 목소리에 귀를 기울이고, 그들이 일을 하는 데 불편함이 없도록 제대로 지원해주는 기업이 과연 얼마나 될까?

직장인들이 직장에서 찾는 의미의 우선순위는 임금이나 직위가 아니라, 보람과 성장이라는 연구결과가 있다. 하지만 대부분의 기업들은 작업결과에 따른 인센티브나 장려금, 복리후생제도, 상벌제도와 같은 물질적인 부분을 통해 현장 생산직 사원들을 통제하려고 하지, 눈에 보이지 않는 무형적인 가치 발굴을 통해 진정한 동기부여를 하려고 하지는 않는다.

동기부여 요소 중에 가장 큰 비중을 차지하는 것이 업무를 수행하는 데 있어서의 실행권한과 회사로부터 인정을 받았다는 상징인 명예다. 자신이 생각한 방법대로 실행해서 탁월한 성과를 냈을 때, 직장인들의 보람과 성취감은 절정에 달한다. 그리고 이러한 느낌은 다음 업무에도 그대로 연결되어 지속적인 성과 창출을 가능하게 만든다. 당장의 인센티브나 복리후생제도도 무시할 수는 없지만, 인간답게 대접받고 당당하게 조직의 주체적 구성원으로서 인정받는 것이 현장 작업자들에게 더욱 절실한 문제임을 경영자들이나 관리자들은 명심해야 한다.

국내의 많은 기업에서는 실행에 대한 의사결정권이 대부분 팀장 이상의 소수계층에 집중되어 있다. 이는 현장에서 고객들의 요구에 반응해서 신속하게 의사결정을 하고 즉각적으로 문제를 해결하는 데 있어 장애요인이 될 수밖에 없다. 게다가 현장에서 직접 업무를 처리하는 구성원들의 입장에서는 일일이 상사의 결정에 따라 수동적으로 움직여야 하기 때문에 능동적으로 업무를 추진할 의욕을 가질 수가 없다.

캐논코리아 안산공장에서는 경영활동의 중요한 의사결정을 하는 회의는 모두 현장을 중심으로 진행한다. 현장 중심의 소통을 중요하게 여기는 기업문화가 정착되어 있기 때문에 가능한 일이다. 실제로 회사 차원에서 경영상의 중요한 의사결정을 하기 전에 리더들은 먼저 현장 구성원들에게 사안을 알리고 그들의 목소리에 귀를 기울인다. 캐논코리아 안산공장의 대표적인 생산 시스템인 셀 생산방식과 기종장제도도 구성원들과의 합의를 통해 정착하게 된 것이다.

기종장제도를 도입하기 전에 회사에서는 수십 차례의 간담회와 워크숍을 통해 최종적인 합의를 이끌어냈다. 셀 생산방식 역시 처음 도입할 당시 반대가 심했던 구성원들에게 일본 캐논의 셀 생산라인을 직접 견학하게 하고, 앞으로 캐논코리아 안산공장이 어떻게 변화할 것인가에 대한 청사진을 공유하고 다시 대화하는 과정을 거쳤다. 캐논코리아에서는 경영진의 일방적인 독단에 의해 결정을 내리지 않고 최대한 구성원들의 이해와 합의를 이끌어내어 의사결정을 하는 문화가 뿌리내려 있다. 실행방법에 대한 의견을 개진하지도 않고 결정을 할 수 있는 권한을 주지 않는다면, 성과에 대한 책임 역시 물을 수 없다는 것이 캐논코리아의 경영철학이다.

현장의 말단 작업자들에게도 권력이 주어져야 한다.

자신이 책임져야 할 목표 할당량을 어떻게 달성할 것인가를 사전에 리더와 합의하고 나면 그것을 실행하는 방법에 대해서는 전적으로 담당자를 믿고 맡겨야 한다. 기업들이 현장의 작업자에게 실행에 대한 자율권을 주지 못하는 가장 큰 이유는 현장 작업자를 바라보는 관점 때문이다. 기업은 현장 작업자들을 회사의 가족이나 구성원이라고 말하면서 실제로는 기계부품과 같은 소모품으로 여기는 경향이 있다. 때문에 믿고 맡길 수가 없는 것이다.

현장 작업자들이 신바람 나게 일하고 탁월한 성과를 창출하기를 바란다면 먼저 회사와 직원들 사이에 체결한 형식상의 근로계약서를 찢어버리고 상호 동업하는 동업자, 진정한 파트너 관계를 맺어야 한다. 현장의 작업자들이 회사를 발전시키는 핵심 성공요인을 쥐고 있다는 사실을 깨닫고 그들을 믿고 대우해야 한다. 그러면 현장 작업자들은 더욱 큰 열정을 갖고 업무에 임할 것이고, 회사는 넘치는 성과를 주워 담을 창고를 짓는 데 여념이 없게 될 것이다.

현장의 작업자들에게도 명예가 필요하다.

현장의 작업자들이 제대로 일을 하지 않는다면 고객을 만족시킬 수 있는 제품을 생산해낼 수 없다. 극단적으로 말해서 현장 작업자들이 없다면, 그래서 물건(상품 또는 서비스)을 만들지 않는다면 회사의 존재 목적도 없다. 그런데도 많은 기업들은 일반적으로 본사에 비해서 현장을, 사무직에 비해서 생산직을, 높은 직위보다는 낮은 직위를 경시하는 풍조에 젖어 있다.

회사에 근무하는 모든 구성원들은 회사와 수직적인 종속관계가 아니라 수평적인 동지관계를 맺고 있다. 그래서 종업원이 아니라 구성원이다. 상사와 부하가 아니라 리더와 팀원이다. 현장의 말단 작업자라 하더라도 엄연히 회사의 성과를 창출하는 당당한 주체로서 매우 중요한 역할을 맡고 있다. 기업이 구성원들에게 요구해야 하는 것은 단순하고 반복적으로 움직이는 생각 없는 로봇이 아니다. 고객이 원하는 제품을 어떻게 더 효율적으로 만들어내고 가치를 부여할 것인가를 고민하는 창의적인 인간이어야 한다. 사장이나 본부장이나 팀장이나 사원들은 직책과 직위에 따라 각자 맡은 임무와 역할이 다를 수 있겠지만, 궁극적으로 그들 모두는 회사의 성과와 제품의 질적 가치를 책임지고 있는 주체들이다.

탁월한 성과를 창출하고 있는 기업들이 가지고 있는 공통적인 키워드는 구성원을 진정으로 인정하고 존중한다는 점이다. 캐논코리아 안산공장의 구성원들이 즐겁게 일을 하면서 나날이 놀라운 성과를 기록할 수 있었던 가장 큰 이유가 바로 명예다. 아침에 출근을 하기 위해 오르는 버스에서부터 탈의실, 화장실, 작업장, 식당, 휴게실 등 회사의 갖가지 시설에서부터 구성원들은 회사의 배려를 몸으로 느낀다. 그리고 회사에서는 "여러분은 세계 최고입니다. 여러분과 함께 일할 수 있어서 너무나 영광입니다."라고 구성원들을 추켜세운다. 겉으로만 그렇게 하는 것이 아니라 진정으로 구성원을 파트너로, 동반자로, 동업자로 생각하고 대접한다.

시장에서 최고의 성과를 창출하는 캐논코리아 안산공장.
그리고 행복하게 일하며 자아를 실현해나가는 캐논코리아 안산공장 사람들.

그들은 발상의 전환을 통해 10여 년 전보다 인원은 2배 늘었을 뿐 인데 생산량은 무려 20배가량 증가했고, 재고는 3분의 1로 줄었다. 기록적인 성과를 만들어냈을 뿐만 아니라, 전 세계 캐논 거점 중에 서 가장 품질이 우수한 공장으로 이름을 높이고 있다.

그 결과, 일본 캐논과 롯데 그룹은 캐논코리아 안산공장에 대규모 투자를 결정했다. 이 사업은 현재보다 5배 이상 넓은 부지로 공장을 확장 이전하는 것으로, 캐논, 경기도, 수자원공사가 MOU를 체결하 는 쾌거를 이루었다. 게다가 김영순 전무가 공장을 이전하면서 출퇴 근 문제로 회사를 그만두는 구성원이 있지 않을까 우려했던 것과 달 리, 경기도와 안산시의 지원으로 공장 부지를 현재 위치한 공장과 가까운 곳으로 선택할 수 있게 되었다. 김영순 전무는 오늘날의 캐 논코리아 안산공장이 있기까지 함께 피땀을 흘린 파트너들과 함께 할 수 있다는 사실에 뛸 듯이 기뻐했다.

이제 캐논코리아 안산공장은 5,000평의 부지에서 이룩한 혁신과 성과를 넘어 27,000평 부지에서 국내뿐 아니라 전 세계를 다시 한 번 놀라게 할 역사를 만드는 새로운 출발점에 섰다.

캐논코리아 안산공장은 대한민국 기업의 미래상이다. 캐논코리아 안산공장의 작업 프로세스를 배우기 위해 이미 많은 사람들이 다녀 갔다. 처음에 그들이 배우려고 했던 것은 눈에 보이는 제도와 시스 템이었다. 하지만 캐논코리아 안산공장을 다녀간 뒤 그들이 공통적으로 깨닫는 것이 있다. 캐논코리아 안산공장의 성공은 제도나 시스템보다는 사람을 위하는 진정한 마음이 있었기에 가능했다는 사실이다. 구성원들을 인정하고 즐겁게 일할 수 있도록 존중하는 회사와 각자의 주체성을 가지고 일에 몰입하면서 보람을 느끼는 구성원이 이루는 궁합이 최고의 성장 동력인 것이다.

화학비료, 합성농약, 항생제, 항균제 등의 화학자재 사용을 최소화해서 생태계와 환경을 보전하기 위해 노력하는 친환경 농업이 있다면 기업경영의 측면에서도 비즈니스 생태계에 친환경적으로 접근하는 친사회, 친고객, 친인간적인 기업이 필요하다.

캐논코리아 안산공장은 이미 이를 실현했다. 사람과 기업 사이에 애정과 신뢰가 쌓이면, 그것은 그 기업만의 독특한 경영 브랜드가 된다. 이렇게 새로이 얻게 된 경영 브랜드라는 가치는 실질적인 성과라는 혜택이 되어 돌아온다. 인간과 자연이 진정으로 소통하고 상생해야 더욱 가치 있는 세상을 만들 수 있듯이, 회사와 구성원도 서로를 아끼고 사랑하는 마음으로 똘똘 뭉쳐야 더 나은 미래를 만들 수 있다.

휴식시간에 휴게실에서 탁구를 치는 구성원들

Appendix

5

캐논코리아 안산공장의
운명을 바꾼
알려지지 않은 이야기

구성원들을 일만 열심히 하는 아마추어로 만들 것인지,
아니면 자신의 업을 추구하는 프로페셔널로 만들 것인지는
회사의 선택에 달려 있다.

그들이 이룬 일하는 방식
혁명의 비밀창고에는
'사자의 심장'과 '숙녀의 손'이 있었다

캐논코리아 안산공장에는 월급쟁이가 없다. 이기적인 태도로 다른 사람들이야 어찌되었건 나에게 주어진 일만 하면 된다는 식의 월급쟁이 특유의 얌체들을 찾아볼 수 없다. 이곳에는 자신의 업무를 바탕으로 자기 사업을 하는 사업가들뿐이다. 각자가 책임져야 할 임무와 역할을 자신의 사업영역이라고 생각하고 '회사'라는 전체적인 관점에서 자신의 일을 바라보고 자신의 책임을 자율적으로 완수해낸다.

캐논코리아 안산공장 사람들을 월급쟁이가 아닌 사업가로 만든 가장 큰 원동력은 무엇일까?

여러 가지 이유가 있다. 하지만 캐논코리아 안산공장 사람들을 타 회사의 구성원들과 차별되게 만드는 이유를 한마디로 정리하자면,

'사자의 심장'과 '숙녀의 손'이라고 하는 메커니즘이 작용하고 있기 때문이라고 말할 수 있다.

회사에서 정해진 업무시간 내에 완수해야 하는 도전적인 '목표', 공정하고 투명한 '제도'와 같은 이성적인 하드웨어 측면은 마치 '사자의 심장'처럼 뜨거우면서도 냉정하고 단호한 면을 보여준다. 반면에 리더와 구성원, 조직과 구성원, 구성원과 구성원 간의 관계나 조직을 운영하는 소프트웨어 측면에서는 '숙녀의 손'처럼 섬세하고 따뜻한 기운이 감돈다. 그리고 그 중심에 '인간 존중 리더십'이 자리하고 있다.

인간 존중 리더십은 구성원들이 회사의 비전과 전략에 대해 공감대를 형성하게 하고, 그러한 비전과 전략을 실현하는 것과 각 구성원들이 맡은 역할이 어떤 상관관계를 맺고 있는지 알려준다. 이를 통해 구성원들은 사전에 자신이 회사에서 무엇을 해야 할지 명확하게 인지하고, 회사는 구성원들이 역할을 수행하는 데 있어 자율성을 보장한다. 바로 이 때문에 캐논코리아 안산공장 사람들은 신바람 나게 일을 즐기고 자기 안에 내재되어 있는 잠재역량을 최대한 발휘하여 회사를 세계 최고의 기업으로 성장시키고 있다.

회사와 구성원의 관계에서 회사가 절대적으로 우위에 있었던 때도 있었다. 구성원들은 먹고살기 위한 호구지책으로, 쫓겨나지 않고 오랫동안 근무하기 위해서 회사에 충성해야 했다. 회사가 제시하는 규정을 잘 준수하고 충성심을 보이면 구성원은 고용을 보장받고 월

캐논코리아 안산공장의 '사자의 심장'과 '숙녀의 손'

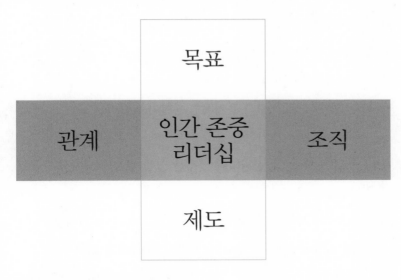

목표

관계 　인간 존중 리더십　 조직

제도

※ 사자의 심장: 목표, 제도, 인간 존중 리더십
※ 숙녀의 손: 관계, 조직, 인간 존중 리더십

급을 받는 식의 종속적인 거래관계가 형성되었다.

　그러나 지금은 회사와 구성원이 대등한 파트너 관계를 맺어야 한다. 구성원들을 그저 열심히 일만 하는 아마추어로 만들 것인지, 일의 진정한 의미를 즐기고 가치를 창조하는 프로페셔널로 키울 것인지는 회사의 선택에 달려 있다. 진정으로 구성원들이 열정을 갖고서 회사의 일을 자신의 일처럼 여기고 창의적으로 일하기를 원한다면, 구성원을 회사의 고객으로서 가치를 제공하는 동반자 혹은 파트너로 대우해야 한다.

구성원을 성과를 창출하기 위한 수단이나 도구로 여겨서는 안 된다. 그리고 강압적으로 누르거나 강요해서도 안 된다. 조직의 경영 메커니즘을 팀이나 구성원 중심의 자기완결형으로 운영해야 한다. 기대하는 목표를 지속적으로 창출하고 더 높은 이상을 실현하기 위해서는 조직과 구성원 간의 유기적인 통합이 필요하다.

조직과 구성원의 유기적인 통합을 위해서, 조직은 구성원을 존중하고 직급의 높낮이에 상관없이 업무를 실행하는 데 있어서의 선택과 결정권한을 주어야 한다. 그리고 구성원은 자신이 맡은 일에 대해 강한 주인의식을 갖고 시작부터 마지막까지 책임을 져야 한다.

정형화된 기술이나 시스템을 도입해서 성과창출을 꾀하는 것도 하나의 방법이 될 수는 있지만, 그것보다 우선시해야 할 요인은 바로 사람이다. 제도와 기법을 학습하고 운영하는 구성원들을 바라보는 조직의 시각이 바뀌어야 한다. 구성원을 수단이나 도구로 보는 것은 낡은 산업사회의 잘못된 사고방식이며 시대착오적인 발상이다.

그리고 동료가 잘못되어야 자신이 상대적으로 높이 올라선다는 생각은 대단히 잘못된 것이다. 그런데도 이런 생각을 갖는 구성원이 많은 까닭은 회사가 그릇된 경쟁체제를 도입했거나, 리더가 구성원들에게 잘못된 경쟁심을 부추겼기 때문이다. 각자가 달성해야 할 성과목표를 놓고 구성원 간에 긴밀히 협력해야 시장의 경쟁에서 살아남을 수 있다. 따라서 단위조직의 공동목표를 추구하기 위해 부서장이나 팀장을 정점으로 하는 수직적인 계급서열에 의한 일방적인 지시와 명령을 내리는 업무태도는 현대의 상황과 맞지 않다.

캐논코리아 안산공장은 인간 존중 리더십을 바탕으로, 목표와 제도의 측면에서는 냉정하고 단호하게(사자의 심장) 처신하는 한편, 관계와 조직의 측면에서는 섬세하고 따뜻하게(숙녀의 손) 보듬는다. 이러한 균형이야말로 캐논코리아 안산공장을 1등 공장으로 만든 가장 큰 힘이다.

2

제조원가 싸움하지 말고
부가가치 경쟁하라

시장은 무한경쟁체제에 돌입한 지 오래다. 많은 기업들이 그 어느 때보다도 치열하게 생존을 고민하고 있다. 시장은 호황을 누리지만 국내 기업들은 지나친 경쟁으로 인해 수익성이 점점 악화되고 있다. 이럴 때 가장 먼저 고개를 드는 것이 원가 절감이다. 하지만 원가 절감은 고스란히 기자재 납품업체의 고통으로 연결된다. 자칫하면 과도한 출혈 경쟁으로 인해 우리나라 대다수 기업들의 경쟁력을 약화시킬 수 있다. 과다경쟁에 의한 레드오션(red ocean)화 현상이 심각한 상황에 이른 것이다.

제조원가를 놓고 밥그릇 다툼을 벌이면서 공멸하는 싸움을 멈추어야 한다. 제조원가에 따른 가격경쟁에 치중할 때 기업의 성장 속도는 더뎌지고 결국 한계에 부딪힌다. 적정 가격을 유지하면서 수익률을 높이는 전략을 취해야 한다. 그러기 위해서는 무엇보다도 시장과 고객으로 시선을 돌려야 한다. 시장과 고객이 원하는 부가가치를 제공할 수 있도록 소프트웨어적인 변화를 시도해야 한다.

예를 들어, 고객이 자동차를 구매할 때 제조원가는 고려 대상이 아니다. 싸게 만들었으니 비싸게 구입할 수는 없다고 생각하는 고객은 극히 드물다. 마찬가지로 비싸게 만들었다고 해서 높은 가격을 지불해야 한다고 생각하는 고객 역시 드물다. 고객이 자동차를 구매할 때 염두에 두는 것은 기업의 브랜드 이미지와 친환경적인 연료, 모터의 성능, 디자인 등이다. 자신의 기호와 기대하는 성능에 부합하는 제품이 있다면, 고객은 얼마든지 값을 지불한다. 따라서 차별화와 고부가가치를 통해 경쟁우위를 확보해야 한다. 단기적인 시황에 일희일비하지 않고 고객 만족을 극대화하는 장기적인 전략을 수립해서 시장에서 선도적인 위치를 점해야 한다. 이를 가능하게 만드는 요소는 고객접점에 있는 현장의 실무자들이다. 지속가능한 성장을 꿈꾸는 기업들은 다음 5가지 사항을 진지하게 고민해야 할 것이다.

첫째, 업의 본질을 고객가치 중심으로 리모델링하라.

업의 본질은 시공을 초월하여 좀처럼 변하지 않는 기업의 존재 목적이다. 기업이 이 사회에, 고객들에게 기여하고자 하는 가치다. 업의 본질을, 대개 기업들은 '미션'이라는 말로 단순화하여 액자적 정의만 해두는데 이제 액자에서 꺼내어 진정 우리 기업이 시장에 기여하고자 하는 사회적 책임가치가 무엇인지 사회적 관점에서, 그리고 고객의 관점에서 고민해야 한다. 업의 본질을 꿰뚫어보고 이해하면 위기상황 속에서도 미래의 중장기적 목표를 달성하기 위해 어떻게 행동해야 하는지 해법을 찾을 수 있다. 업의 본질에 입각해 경쟁력을 강화하고 고객의 신뢰를 확보해야 한다.

둘째, 경영 기준은 성과목표와 전략 중심으로 선택하고 집중하라.

일상적인 업무를 기준으로 하는 것이 아니라 업무를 통해 목적하고자 하는 성과기준을 활용해야 탁월한 성과를 창출할 수 있다. 제한된 자원과 시간으로는 물리적 한계에 부딪힐 수밖에 없기 때문에 자원과 시간을 효율적으로 투입하기 위해서는 성과목표에 맞추어 해야할 일을 결정하고 자원을 어디에 투입할 것인가를 선별해야 한다.

셋째, 경영 형태를 최고경영층과 상사 중심의 통제와 관리에서 현장과 고객접점, 실무자 중심의 자율책임경영으로 혁신하라.

시장의 주도권이 고객에게로 넘어간 지금은 아무리 상품과 서비스의 질이 우수해도 고객의 요구에 부합하지 않으면 시장에서 살아남을 수 없다. 앞서 이야기했듯, 가장 근접한 위치에서 고객의 요구를 수용하고 반영할 수 있는 사람은 고객접점에 있는 실무자들이다. 따라서 고객 만족을 실현할 수 있는 조직구조 모델을 찾아야 한다.

기업의 경영진은 실행과정을 통제하는 데 효율적이었던 최고경영층과 상사 중심의 관점을 버려야 한다. 성과를 창출하고 현장의 구성원들을 동기부여 하는 수평적인 조직의 가장 좋은 사례가 프로구단이다. 프로구단은 구성원들의 의견을 존중하고 의사결정에 반영함으로써 구성원을 자율적으로 움직이게 만드는 최적의 조직구조 모델이다.

넷째, 기업을 주주만의 회사가 아닌 상호공동체 모델로 혁신하라.

회사의 존재 목적이 '주주의 가치 극대화'이고, 회사의 주인을 '주주'라고 말하는 기업이 많이 있다. 물론 회사를 운영하는 데 있어서 주주들의 투자가 필요한 것이 사실이지만, 주주는 시장 상황에 따라 다른 투자처로 옮겨갈 수 있는 사람들이다. 회사의 장기적인 미래에 맞추어 인생을 설계하는 사람들은 구성원이다. 구성원의 동반의식과 역량이 강해질수록 기업도 함께 성장한다. 기업과 구성원 간에 동등한 파트너 관계가 형성된 조직은 끊임없이 구성원들이 스스로 동기부여를 하면서 창의적인 아이디어를 쏟아낸다.

다섯째, 구성원들끼리 경쟁시키지 말고 외부와 경쟁하게 하라.

목표, 성과라는 단어를 잘못 이해하면 목표 지점이 틀어지고 만다. 목표와 성과는 회사와 구성원이 향하고자 하는 최종 목적지다. 여기서 말하는 최종 목적지는 조직이라는 테두리 안에 있는 것이 아니라, 시장과 고객이다.

자신의 경쟁상대를 동료로 설정하고 아군끼리 소모전을 벌이는 경우가 있다. 동료들과 상대적인 순위경쟁을 해서는 안 된다. 시장과 고객을 대상으로 스스로 책임져야 할 목표를 설정하고 그 목표를 향해 계속해서 기록을 경신하는 경쟁을 해야 한다.

캐논코리아 안산공장을 취재하는 동안 구성원들의 건강한 웃음과 생동감 넘치는 현장을 목격하면서 구성원 한 사람 한 사람이 진정한 인간으로 완성되어가고 있다는 확신을 가졌다. 바로 이것이 다른 기업들에서는 찾아볼 수 없는 그들만의 '특별한 비밀'이다.

캐논코리아 구성원들은 상사의 지시나 회사의 명령에 의해서 움직이는 충전식 건전지형이 아니다. 그들은 자율성을 갖고 스스로 동기부여를 하며 성장해나가는 자가발전기 형이다. 구성원을 인격체로 존중하고 자율성을 부과해야 업무성과가 높아지고 창의적인 작업을 통해서 고객을 만족시킬 수 있으며, 이것이 바탕이 되었을 때 기업은 이윤을 극대화할 수 있다. 기업의 지속가능한 경영과 성장을 만드는 변수는 결국 구성원인 것이다. 캐논코리아 안산공장은 이 점을 이미 깨닫고 있다. 캐논코리아 안상공장은 회사가 장기적으로 지향하는 미션과 비전을 구성원들이 공감할 수 있도록 소통한다. 구성원 개개인이 인생에서 지향하고 있는 비전을 회사의 비전과의 연장선상에서 인정하고 구성원들이 비전을 달성할 수 있도록 후원한다.

회사와 구성원은 함께 같은 꿈과 목표를 향해 나아가는 협력적인 인격체다. 이것을 인정하는 것이 일의 출발점이다. 구성원들이 스스로에 대해 느끼는 가치가 바로 회사의 가치다.

디지털 제품을 생산하는 이 시대의 진정한 아날로그인(人), 캐논코리아 안산공장 사람들에게서 기업이 나아가야 할 미래를 발견한다.

| 감사의 글 |

캐논코리아의 여러분들에게 드리는 편지

대한민국 방방곡곡 수많은 기업을 탐방하고, 최고경영자부터 고객접점에 있는 최전방의 구성원들까지 많은 사람들을 만나보았습니다. 하지만 회사와 사람이 희로애락을 함께하는 한 편의 감동적인 드라마를 보는 것 같은 느낌은 참으로 오랜만이었습니다.

현대의 기업과 직장인들은 다양한 경영혁신의 홍수 속에서 살아간다고 해도 과언이 아닙니다. 새벽부터 밤늦게까지, 또 월요일부터 일요일까지 조직의 구성원들은 업무와 자기계발에 분투하고 있으며, 기업들도 끊임없이 성장과 변화를 모색하고 있습니다. 하지만 그런 모습들을 지켜보면서 유감스럽게도 '그 나물에 그 밥'이라는 생각이 들었던 것도 사실이었습니다. 회사 내에서 삼각, 사각으로 얽힌 이해관계들, 구성원·부서 간의 갈등과 어설픈 화해, 근본적인 해결 없이 이루어지는 임시방편적인 봉합들, 윗사람들의 사내정치 등등, 이런 상황들이 조금 '유치한' 형태로 드러나면 자체적으로 노력을 해서 문제를 해결하기보다는 누군가가 해결해주기를, 상황이 급변해서 저절로 해결되기를 바라며 남 탓만 하는 모습들도 많이 보았습니다.

하지만 캐논코리아 안산공장을 여러 차례 방문하면서 '이런 회사에서 일하고 싶다'는 설렘을 가졌습니다. 김영순 전무님을 비롯한 캐논코리아 안산공장의 모든 가족들이 진심으로 우러나는 미소를 머금은 채 서로를 보듬어가며 한 발짝 한 발짝 성공신화를 써내려가고 있는 모습을 확인하면서 어느 순간, 저는 캐논코리아 안산공장의 광팬이 되고 말았습니다. 캐논코리아 안산공장의 아름다운 기업문화, 특히 그중에서도 구성원을 진정으로 아끼고 존중하는 김영순 전무님의 일거수일투족을 좇지 않을 수 없었습니다.

나중에 들은 얘기지만, 김영순 전무님께서는 이 책이 출간되는 것을 원치 않으셨다고 하더군요. 그런데 혼자 판단할 일이 아니라는 생각에 구성원들에게 의견을 물으셨고, 절대다수의 구성원들이 찬성을 하는 바람에 어쩔 수 없으셨다는 말씀을 듣고 또 한 번 이마를 쳤습니다.

무엇보다 이 시대 대한민국 기업의 리더가 어떻게 생각하고 어떻게 행동해야 하는지에 대한 절대적인 믿음을 주시고, 필자에게 자율책임경영의 희망을 소개할 수 있는 기회를 주신 김영순 전무님과 캐논코리아 안산공장 구성원 모든 분들께 존경의 마음을 담아 감사의 말씀을 드립니다.

회사가 어려웠던 절박한 상황에서도 항상 긍정의 힘으로 구성원들과 함께하셨던 전무님의 따뜻한 열정과, 열악한 환경 속에서도 최상의 제품과 서비스를 제공하고자 구성원들로부터 잠재력을 끄집어내고 마음을 보듬는 탁월한 역량은 이 시대를 살아가는 리더들에게 본보기가 된다고 생각합니다. 그리고 현장에서 근무하고 있는 캐논코리아 안산공장 구성원들의 배우고자 하는 열망과 스스로 발전하고자 하는 진지한 마음과 태도에 정말로 큰 감명을 받았습니다.

캐논코리아 안산공장에 갓 입사했을 때의 일화를 들려준 정다운 씨와 정해경 팀장, 검사과에 소속되어 있을 때 밤을 새워가며 일했던 강철홍 대리, 20여 년의 세월을 캐논코리아 안산공장과 함께한 홍숙자 사원, 생산량을 모니터링하고 코칭해주는 이인세 팀장, 캐논코리아 안산공장에서 가장 손이 빠른 4년 연속 마이스터 우승자 김현희 사원, 제품포장 공정의 자동화를 설계하고 품질 보증을 위해 애썼던 제품QA의 안덕중 부장, 핵심 부품이라도 건지고 싶은 마음에 화재현장으로 뛰어들었던 권태욱 대리, 자신의 일을 즐기면서 끊임없이 학습하여 마이스터에 뽑힌 변미경 사원과 부단한 노력으로 슈퍼 마이다스의 꿈을 이루어낸 박상근 대리, 20대 초반에 입사하여 어느덧 10년차 제조팀 셀장으로 성장한 문수경 셀장, 항상 밝은 표정으로 구성원들을 응원해주는 윤중원 부본부장, 귀는 들리지 않지만 누구보다 더 열심히 일하면서 주변을 감화시키는 최상윤 셀장, 열심히 노력해서 팀장의 자리에 오른 서세훈 팀장, 여자는 할 수 없다는 편견을 무너뜨린 허연희 사원, 멘토가 되어 팀원들을 이끌어주는 유미란 셀장과 강래민 과장, 그리고 캐논코리아 안산공장의 다양한 에피소드를 들려주고 자료를 제공해주신 김정현 부장과 김정훈 팀장, 이정미 대리……. 지면에 등장하지는 않았지만, 이 책이 나오기까지 많은 조언과 지도를 아끼지 않으셨던 캐논코리아 구성원 모든 분들에게 지면으로나마 고마운 마음을 전합니다.

캐논코리아 안산공장을 지켜보면서, 진심은 언제나 통한다는 말의 의미를 되새겨볼 수 있었습니다. 회사와 리더가 구성원들에게 진솔하게 다가가고 진정성을 갖고 대해야 마음이 전달되고, 그 진실한 마음을 통해 모두의 마음이 하나가 된다는 사실을 다시 한 번 깨달았습니다.

캐논코리아 안산공장의 모든 분들이 하나가 되어 더욱 밝은 미래를 향해 나아가면서, 지금처럼 앞으로도 계속 서로를 진정으로 아끼는 가운데 캐논코리아가 위대한 기업으로 거듭나기까지 늘 곁에서 응원하겠습니다.

고맙습니다.

지난 10여 년 동안 우리 캐논코리아의 리더들은 구성원들의 행복
지수가 기업의 성과 그래프와 비례한다는 사실을 발견했습니다.
그러니 그들을 더 행복하게 만들어야 하지 않겠습니까? 우리는 구
성원들을 사랑하는 것이 회사를 사랑하는 가장 좋은 방법이라는
사실을 깨달았습니다.

_캐논코리아 안산공장 생산본부장 김영순 전무와의 마지막 인터뷰 중에서

캐논코리아의 혁명은 포장마차에서 시작되었다

1판 1쇄 인쇄 2011년 11월 2일
1판 1쇄 발행 2011년 11월 11일

지은이 류랑도

발행인 양원석
총편집인 이헌상
편집장 송명주
책임편집 송병규
편집진행 이양훈
표지 디자인 윤대한
본문 디자인 윤주열
제작 문태일, 김수진
영업마케팅 김경만, 임충진, 최준수, 주상우, 김혜연, 이수민, 권민혁

펴낸 곳 랜덤하우스코리아(주)
주소 서울시 금천구 가산동 345-90 한라시그마밸리 20층
편집문의 02-6443-8857
구입문의 02-6443-8838
홈페이지 www.randombooks.co.kr
등록 2004년 1월 15일 제 2-3726호

©류랑도, 2011
Printed in Seoul, Korea

ISBN 978-89-255-4511-0 03320

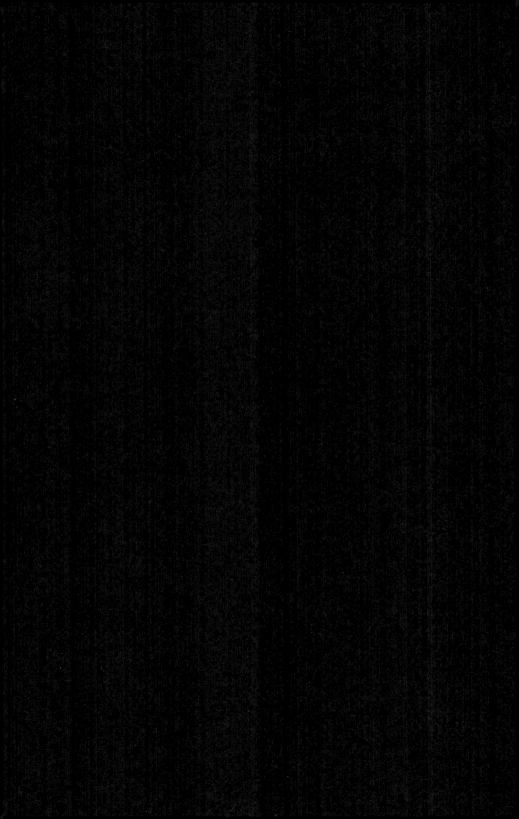